하루
한편

우리
한시

하루 한편 우리 한시

말과 생각에 품격을 더하는 시 공부

박동욱 지음

빅퀘스천

| 서문 | **나의 한시 공부** |

어찌하여 소나무와 잣나무같이
얼음과 서리 속에 오만하게 홀로 섰나.

조선시대 이달이 쓴 〈남산의 동백(南山冬柏)〉의 한 구절인데, 세상살이가 힘에 부치거나 관계에 휘둘릴 때면 한 번씩 떠올려 읊어보곤 합니다.

아직 남은 겨울의 추위를 견뎌내며 오만하게 홀로 선 동백은 눈이 시릴 만큼 또렷하고 아름답습니다. 홀로 선다는 것은 그런 것이겠지요.

한시는 중국에서 발생한 문학이지만, 근대 이전 한국에서 풍부하게 창작되고 향유된 한국 문학이기도 합니다. 수를 헤아릴 수 없을 정도로 많은 한시가 문학 유

산으로 남아 있습니다. 그 자체로 특수한 미적 체계를 갖춘 한시는 오늘날에도 여전히 감상의 대상으로 유효합니다. 또 여기에는 선인들의 일상생활과 감정, 풍속과 문화, 역사와 지리 등이 담겨 있어서 그 의의가 문학의 범위를 넘어섭니다.

그뿐이 아닙니다. 한시는 개인의 내면을 들여다보고 마음을 다스리는 데 아주 효과적입니다. 소리 내어 읽고 차분히 써내리다 보면 자연과 사람, 그리고 삶과 죽음, 사랑과 미움에 관한 복잡한 생각들이 저절로 정리가 됩니다. 창가에 앉아 차를 마시고, 산사에서 하룻밤을 보내고 산문을 열고 나갈 때면 가만히 읊조리게 됩니다. 나이가 들면서 한시를 알게 된 것에 더욱 감사하게 됩니다.

돌아보면, 나의 운명은 초등학교 6학년 때 이광수의 《흙》과의 만남에서 결정되었습니다. 동화만 읽다가 처음으로 소설다운 소설을 읽은 것이었습니다. 그것은 충격이었고, 곧바로 한국문학 전집을 읽어댔지요. 중학교 때에는 헌책방을 수시로 들락날락했는데, 삼중당문고본은 나의 가장 좋은 친구였습니다. 특히 비가 올 때면 꼭 헌책방을 찾았는데, 비와 고서 냄새가 아주 잘

어울렸습니다.

대학에 들어와서는 고전문학에 관심을 갖게 되었습니다. 선조들의 삶과 생각, 그리고 재치 있는 언어유희에 푹 빠져들었습니다. 대학원에 갔고, 제가 지금 한시를 읽는 법은 온전히 지도교수님께 배운 것입니다. 여러모로 고마운 마음이 큽니다.

그런데 공부를 하면 할수록 한문 공부의 부족함을 느꼈습니다. 그즈음 일평 조남권 선생님을 만났습니다. 조남권 선생님은 한학에서 일가를 이루신 분으로, 당시 70세가 넘은 나이에도 한서대 부설 동양고전연구소 소장으로서 한문 강독과 국역 사업을 하시며 꾸준히 후학들을 키우고 계셨습니다.

조남권 선생님은 사사로운 말 한마디도 늘 삼가셨고, 남을 깎아내리는 험담이나 부정적인 말은 결코 입 밖에 내지 않으셨습니다. 소탈하고 인자해 보이는 외양과 달리 까탈스럽다 느껴질 만큼 말과 행동에 엄격함이 있으셨지요.

그런 선생님께 따로 배움을 받고 싶다고 요청했는데 매번 거절하셨습니다. 그래서 한번은 언제 어디서 출근하시냐 여쭈며 지하철에서라도 배우고 싶다고 하자

그제야 허락하셨습니다.

그 뒤로 매주 화요일 아침 7시 동양연구소에서 선생님과 한문을 공부했습니다. 몸이 힘들 때도 특별한 행사나 명절에도 하루도 빠짐이 없었습니다. 그렇게 20년 넘게 선생님께 가르침을 받았습니다. 선생님의 건강이 허락지 않아 연구소 출근이 어렵게 된 뒤에는 댁으로 찾아가 공부했습니다.

그 시간 동안 선생님께 한학과 인생을 배웠습니다. 이제는 고인이 되셨지만, 선생님이 좋아하는 글귀를 읊어주시던 기억은 지금도 생생합니다.

한시는 읽기도 쓰기도 어렵습니다. 누구나 알다시피, 한자로 되어 있는 데다 언외의 의미를 파악해야 하는 경우가 많기 때문입니다. 오역과 오독의 문제도 큽니다. 그렇다 보니 사람들의 관심에서 멀어져 점점 연구자들만 향유하는 문학이 되어가고 있습니다. 이런 고민이 깊어질 즈음 출판사부터 필사책 출간 제안을 받았습니다.

전혀 생각해보지 않은 접근 방식이었습니다. 하지만 곰곰 생각해보니, 나 역시 한시와 좋은 문장을 종종 따라 썼습니다.

우선 책에 실을 한시들을 살펴보았습니다. 이미 널리 알려진 명시뿐만 아니라, 잘 알려지지 않은 한시 중에서 요즈음 사람들도 공감할 만한 좋은 시를 가려 뽑았습니다.

한시를 번역하고 해설을 쓰면서는 몇 가지 원칙을 세웠습니다. 먼저, 한자 사용을 자제하기로 했습니다. 두 번째는 한시 운율(5언 시는 7.5조, 7언 시는 3.4조)을 최대한 살리되 예외를 두었습니다. 운율과 어휘 중에 선택이 어려울 때는 한시 이해를 돕는 방향으로 번역했습니다. 세 번째로는 배경지식보다는 시 자체의 의미와 아름다움을 전달하는 데 중점을 두었습니다.

책을 쓰는 동안 정말 즐거웠습니다. 두 달 꼬박 국립중앙도서관 한 켠에서, 그리고 개강을 하고 나서는 학교를 오가며 책을 썼는데, 내가 어떤 한시를 좋아했던가 다시 한 번 떠올렸습니다. 차를 타고 오가며, 그날 번역했던 시를 읊조리기도 했습니다.

책은 필자의 손을 떠나면 독자의 몫이라고 합니다. 그럼에도 조금 욕심을 부린다면, 바삐 흘러가는 일상에서 때때로 한시 한 구절을 떠올리며, 내가 가진 것의 소중함과 삶의 의미를 새롭게 발견하는 행복을 누릴 수 있기를 바랍니다.

끝으로 이 책이 나오기까지 애써 주신 출판사 대표님과 관계자 분들께 감사의 말을 전합니다.

이 책을 읽는 모든 분들께 진심으로 감사합니다.

2024년 12월

국립중앙도서관 한 켠에서

박동욱

차례

서문 4

 　　　　　　　　1. 혼자라서 좋은 시간

✦ 남산의 동백꽃 _이달 18 ✦ 남쪽 창가에 홀로 앉아 _이황 20 ✦ 느리게 간다 _양팽손 22 ✦ 오후의 운치 _오경석 24 ✦ 새소리 알아맞히기 _변종운 26 ✦ 벼슬을 그만두고 _신숙 28 ✦ 두건 가득 솔방울이 담겼다 _박준원 30 ✦ 꽃이 핀다 기쁘리오 _이규보 32 ✦ 낙산의 오래된 집 _최경창 34 ✦ 내가 소중히 여기는 것 _최충 36 ✦ 어떤 동행 _송익필 38 ✦ 꽃과 나비가 나를 보네 _김삼의당 40 ✦ 옥 같은 빛깔, 난초 같은 향기 _한수 42 ✦ 일곱이 마시는 술자리 _김안국 44 ✦ 비 내리는 날에 _이정주 46 ✦ 여름날 깊은 산속 _성운 48 ✦ 화담의 집 _서경덕 50 ✦ 산에 살리라 _홍세태 52 ✦ 비상을 꿈꾸다 _이달 54 ✦ 어제와 다른 사람 _이식 56

2. 보고만 있어도 좋은 사람들

✦ 연 날리던 아이 _유득공 60 ✦ 따스한 방 안 풍경 _이병연 62 ✦ 소꿉친구 _이안중 64 ✦ 행복한 기다림 _신광한 66 ✦ 모두 다 한마음으로 _김려 68 ✦ 너보다 예쁜 꽃은 없단다 _신정 70 ✦ 저자도의 멋진 소리 _김창흡 72 ✦ 달 같고 꽃 같은 내 님 _김삼의당 74 ✦ 봄날에 아이들 장난 _이덕무 76 ✦ 인생의 가장 큰 즐거움 _오숙 78 ✦ 새벽에 집을 나서다 _최윤창 80 ✦ 할머니의 자장가 _이양연 82 ✦ 어떤 고자질 _손필대 84 ✦ 별 헤는 밤 _최성대 86 ✦ 어릴 때 살던 옛 집터 _이양연 88 ✦ 호박잎 뚜껑 _이용휴 90 ✦ 아이와 노인의 한판 승부 _이달 92 ✦ 그뿐이면 족한 집 _장혼 94 ✦ 새벽에 부른 친구 _이병연 96

3. 자연과 함께하는 지적이고 아름다운 삶

✦ 새벽에 산문을 연 까닭 _이제현 100 ✦ 봄비 _정몽주 102 ✦ 이른 봄날 _서거정 104 ✦ 아내와 함께한 술자리 _권필 106 ✦ 그대는 공무를 하고 나는 시를 쓴다 _목만중 108 ✦ 매화 향기에 넋을 잃다 _이후백 110 ✦ 봉은사 스님은 무얼 하고 있을까 _최경창 112 ✦ 처마 끝에 꽃잎 하나 _변종운 114 ✦ 산과 집에 꽃이 핀다 _현일

116 ✦ 꽃을 지킨 거미 _김인후 118 ✦ 깊은 산속 _이인로 120 ✦ 소낙비와 연잎의 전투 _노긍 122 ✦ 황량한 들판에 예쁜 석죽화 _정습명 124 ✦ 무더위 _이규보 126 ✦ 여름의 별미, 냉면 _장유 128 ✦ 한여름 밤 _남극관 132 ✦ 한밤의 모기 _정약용 134 ✦ 멋진 초대 _윤결 138 ✦ 구름 한 점 _신광수 140 ✦ 낚시 _권필 142 ✦ 국화주 _정민교 144 ✦ 새벽에 주운 밤 _무명씨 146 ✦ 아침에 길을 가다가 _이공무 148 ✦ 가을비 내리고 나면 _최립 150 ✦ 겨울에 길을 가다 _윤계 152 ✦ 새파랗게 추운 겨울 _박지원 154 ✦ 눈 위에 이름을 새기다 _이규보 156

4. 사랑의 설렘과 아픔

✦ 눈 위의 발자국 _강세황 160 ✦ 한 땀마다 눈물이 난다 _이매창 162 ✦ 눈썹을 부질없이 그려보네 _이옥봉 164 ✦ 나물 캐는 여인 _윤기 166 ✦ 수놓인 꽃신 코 _박제가 168 ✦ 누가 진짜 예쁜 꽃인가 _김운초 170 ✦ 빗속의 꽃과 바람 속 버들솜 _이수광 172 ✦ 남편과 아내의 한판 승부 _이옥 174 ✦ 서글픈 이별 _정포 176 ✦ 설렘과 수줍음 _신광수 178 ✦ 아가씨의 속마음 _황오 180 ✦ 야속한 중매쟁이 _허초희 182 ✦ 죽어도 좋아 _진섬 184 ✦ 꿈에서 만나다 _황진이 186 ✦ 새벽녘 여인의 짧은 꿈 _이덕무 188 ✦ 널 볼

수가 없어서 _양사언 **190** ✦ 돌길이 모래가 되었다 _이옥봉 **192** ✦ 거울 _최기남 **194** ✦ 발자국과 그림자 _최인상 **196**

5. 복잡하고 어려운 세상살이

✦ 괴롭다 괴롭다 괴롭다 _이안중 **200** ✦ 아기가 우는 이유 _정지윤 **202** ✦ 처신의 어려움 _김양근 **204** ✦ 누구를 비웃을 것인가? _이용휴 **206** ✦ 신관이나 구관이나 똑같이 어질었다 _이상적 **208** ✦ 언젠가 말하리라 _박수량 **210** ✦ 난리 뒤에 필운대에서 봄 경치를 보다 _이호민 **212** ✦ 이름 없는 무수한 풀들 _이수익 **214** ✦ 내 마음 누가 알아주리 _정내교 **216** ✦ 제비야 시비하지 말아다오 _이식 **218** ✦ 옳고 그름에 대해서 _안방준 **220** ✦ 쓸쓸한 부귀영화 _최경창 **222** ✦ 농부와 음식 _박윤원 **224** ✦ 부부의 퇴근길 _이미 **226** ✦ 무엇 때문에 바쁜가? _차좌일 **228** ✦ 오직 푸른 바다와 산만 보네 _김진위 **230** ✦ 환속하며 _위원개 **232** ✦ 강가에서 늙어가고 싶어라 _박계강 **234** ✦ 비석 하나 _홍세태 **236**

6. 나에게 관대하기

✦ 나에게 관대하기 _이장용 242 ✦ 나는 내 길을 가련다 _신항 244 ✦ 매일매일 좋은 날 _송익필 246 ✦ 소나무와 탑 _정인홍 248 ✦ 가난해도 괜찮고 아파도 편안하네 _김효일 250 ✦ 향기 나는 삶을 살리라 _이희사 254 ✦ 나는야 책벌레 _유희 256 ✦ 천년 뒤에 나를 증명하리라 _이언진 258 ✦ 표범처럼 용처럼 _김인후 260 ✦ 세상 밖을 두루 노니리 _신유한 262 ✦ 병아리가 자라면 _황오 264 ✦ 인생길 열두 고개 _이서우 266 ✦ 한가로운 요양 생활 _서거정 270 ✦ 진정한 친구 _김안국 272 ✦ 오래된 이불 _구치용 274

7. 말과 생각에 품격을 더하다

✦ 눈발에서 어지러이 걷지 마라 _이양연 278 ✦ 한 층 한 층 오르다 보면 _정인홍 280 ✦ 산 정상에서 _신후담 282 ✦ 향기 나는 사람 _박준원 284 ✦ 한 사람, 한 사람 살펴야 하리 _박제가 286 ✦ 걱정투성이 _이규보 288 ✦ 사람을 알아보는 법 _임광택 290 ✦ 산 정상에 오르지 않는 이유 _이규보 292 ✦ 나는 나대로 _송익필 294 ✦ 천년 너럭바위 _이황 296 ✦ 길가의 장승에게 _조수삼 298 ✦ 옳고 그름에 대해서 _정종로 300 ✦ 공부의 비법 _안정복 304 ✦

하늘은 다 주지 않는다 _고상안 308 ✦ 과일을 다 따지 않은 이유 _김창협 310 ✦ 단단한 사람 _조식 312 ✦ 착시 효과 _이정주 314 ✦ 새해에는 좋은 사람 되리라 _이덕무 316

 8. 나이 듦과 죽음을 준비하는 자세

✦ 구름처럼 물처럼 _신유한 320 ✦ 흰머리 세 가닥 _정약용 322 ✦ 우물쭈물 마흔이 넘어서 _이정형 324 ✦ 꽃과 노인 _홍세태 326 ✦ 세상 편히 사는 꾀 _심의 328 ✦ 달빛에 친구를 기다린다 _권상하 330 ✦ 두 번의 결혼식 _이용휴 332 ✦ 시든 꽃 _강지재당 334 ✦ 아내가 만들던 모시옷 _채제공 336 ✦ 아가씨들 아름다움 자랑 _이덕무 340 ✦ 만월대 _이양연 342 ✦ 형님은 먼저 태어난 '나' _박지원 344 ✦ 사람은 어디서 와서 어디로 가는가? _김인후 346 ✦ 세상 모든 것은 잠시 빌린 것 _조희룡 348

후기 350

1. 혼자라서 좋은 시간

꽃샘바람 부는 날에 볕이 잘 드는 남쪽 창가에 앉아 조용히 책을 읽는다. 허름한 집이라 외풍이 들까 아궁이에 불 지피니 따스한 훈기가 방에 돌았다. 따순 방, 환한 햇살, 읽고 싶은 책이 한기를 막아주고 있다.

남산의
동백꽃

눈 속에서 구름 비단 꺼내어 입고
안개 속에 예쁜 단장 전하였다네.
어찌하여 소나무와 잣나무같이
얼음과 서리 속에 오만하게 홀로 섰나.

시인은 남산에 피는 동백꽃을 읊었다. 동백꽃은 눈과 안개 속에서도 예쁜 자태가 여전하였다. 눈과 서리를 견뎌내는 소나무와 잣나무처럼, 동백은 아직 남은 겨울의 추위를 견뎌내며 오만하게 홀로 서 있었다. 그 모습이 눈이 시릴 만큼 또렷하고 아름다웠다.

雪裏披雲錦 煙中傳艶粧 何如松柏樹 獨立傲氷霜
이달(李達), <南山冬柏>

설 리 피 운 금   연 중 전 염 장
雪裏披雲錦 煙中傳艷粧
하 여 송 백 수   독 립 오 빙 상
何如松柏樹 獨立傲氷霜

이달(李達), <南山冬柏>

남쪽 창가에
홀로 앉아

허름한 집이어서 봄추위에 바람 들까
아이 불러 불을 지펴 여윈 몸 덥히었네.
남쪽의 창가에서 책을 뽑아 정독하니
말로 못할 맛이 있어 나 홀로 즐거웠네.

꽃샘추위는 초봄이 지나 날씨가 따뜻해지다가 꽃이 필 때쯤 일시적으로 추워지는 현상을 말한다. 우리나라 속담에 "꽃샘에 설늙은이 얼어 죽는다"라는 말이 있다.

꽃샘바람 부는 날에 볕이 잘 드는 남쪽 창가에 앉아 조용히 책을 읽는다. 허름한 집이라 외풍이 들까 아궁이에 불 지피니 따스한 훈기가 방에 돌았다. 따순 방, 환한 햇살, 읽고 싶은 책이 한기를 막아주고 있다.

破屋春寒怯透颷 呼兒添火衛形羸 抽書靜讀南窓裏 有味難名獨自怡
이황(李滉), <春寒>

破屋春寒怯透颸 呼兒添火衛形羸
抽書靜讀南窓裏 有味難名獨自怡

이황(李滉), <春寒>

느리게 간다

소 타는 게 즐거울 줄 몰랐다가
말 없고서 그제야 알게 되었네.
저물녘에 풀 향기 가득한 길에
봄날은 해도 함께 더디게 지네.

언제나 말을 타고 다녀서 소 따위는 탈 생각도 하지 못했는데, 말이 없어서 그 대신으로 소를 타게 됐다. 봄날 해도 더디게 지는데 소도 더디게 간다. 말을 타고서는 볼 수 없었던 풍경을 이제야 보게 된다.

빠르다고 다 좋은 게 아니다. 천천히 가는 약간의 불편함만 감수한다면 빨라서 못 보았을 풍경을 보게 된다.

不識騎牛好 今因無馬知 夕陽芳草路 春日共遲遲
양팽손(梁彭孫), <偶吟>

^불不^식識^기騎^우牛^호好 ^금今^인因^무無^마馬^지知
^석夕^양陽^방芳^초草^로路 ^춘春^일日^공共^지遲^지遲

양팽손(梁彭孫), <偶吟>

오후의 운치

깊숙이 자리한 집, 손님 없어 절간 같고
긴 봄날 낮잠 자니 즐거움 넘치었네.
온갖 인연 다 던지고 베개에 누워서는
향 피우고 이따금 옛 책을 꺼내 읽네.

🌿

찾아올 이 하나 없는 절간 같은 집. 나 혼자 낮잠을 자니 그저 행복하다. 지금껏 살아오며 맺었던 여러 인연, 생각해보면 얼마나 부질없었나. 오랫동안 쓸데없는 곳에 마음을 주었다. 오로지 나와 마주한 지금, 이 순간이 고맙고 소중하다. 향을 피워놓고 책을 꺼내 읽는다. 잠이 오면 자고 깨어나면 책을 다시 편다. 낮잠, 향, 책으로 이어지는 행복의 무한 루프다.

深院無客似禪居 晝永春眠樂有餘 抛盡萬緣高枕臥 燒香時讀故人書

오경석(吳慶錫), <次大齊韻>

심원무객사선거 주영춘면락유여
深院無客似禪居 晝永春眠樂有餘
포진만연고침와 소향시독고인서
拋盡萬緣高枕臥 燒香時讀故人書

오경석(吳慶錫), <次大齊韻>

새소리
알아맞히기

봄 숲에선 온갖 새 울어대는데
그중 절반도 이름 알 수 없다가
오랫동안 산중의 나그네 되니
들창 아래 누워서도 알 수 있구나.

숲속에 봄이 오면 온갖 새들의 소리가 울려 퍼진다. 처음 산에 살 때만 해도 새소리가 다 거기서 거기였지, 어떤 새의 소리인지 알지 못했다. 오랜 시간 산에서 살다 보니 창틈으로 들려오는 새소리에도 어떤 새인지 단박에 맞힐 수 있게 되었다.
누워서 새소리를 들으며 어떤 새가 지저귀는 소리인가 알아맞히는 재미가 쏠쏠하다.

春林啼百鳥 太半不知名 久作山中客 窓間臥辨聲
변종운(卞鍾運), <山窓曉起>

춘림제백조 　 태반부지명
春林啼百鳥　太半不知名
구작산중객　창간와변성
久作山中客　窓間臥辨聲

변종운(卞鍾運), <山窓曉起>

벼슬을 그만두고

밭을 갈다 대낮을 다 써버리고
약초 캐다 봄날을 다 보내었네.
산 있고 물 있는 데 살고 있으니
영화도 욕됨도 다 없는 몸이네.

🌿

한낮은 밭을 갈면서, 틈틈이 약초를 캐면서 봄날을 보냈다. 남들은 하찮은 일이라 할지 모르지만, 마음 하나 편해서 좋다. 산 좋고 물 좋은 데서 밭 갈고 약초 캐며 그렇게 산다.
세상의 영화와 욕됨은 이란성 쌍둥이 같으니, 영화를 찾으면 욕됨은 반드시 따라오고 만다. 이곳의 생활은 영화도 있을 리 없지만 욕됨도 없다.

耕田消白日 採藥過靑春 有山有水處 無榮無辱身
신숙(申淑), <棄官歸鄕>

耕田消白日 採藥過靑春
有山有水處 無榮無辱身

신숙(申淑), <棄官歸鄕>

두건 가득
솔방울이 담겼다

산을 보다가 깜빡 잠에 빠져서
산이 가까이 온 줄 전혀 몰랐네.
산바람이 몇 차례 불어오더니
두건 가득 솔방울 떨어져 있네.

🌿

누각에서 산을 보다가 나도 모르게 설핏 잠이 들었다. 그런데 그새 바람 불어 솔방울이 두건에 담겼다. 그제야 내가 잠이 들었다는 걸 알게 된다. 산바람은 선잠 들기 좋게 불고 선물처럼 솔방울을 남겨놓았다.

看山忽高眠 不覺山近人 山風吹幾番 松子落滿巾
박준원(朴準源), <泉雨閣>•

―

천우각(泉雨閣)은 조선시대 남산 아래 계곡에 세운 누각으로 남별영 소속 관청 건물이었다.

^간看^산山^홀忽^고高^면眠 ^불不^각覺^산山^근近^인人
^산山^풍風^취吹^기幾^번番 ^송松^자子^락落^만滿^건巾

박준원(朴準源), <泉雨閣>

꽃이 핀다
기쁘리오

산꽃이 깊은 골에 피어 있어서
산중의 봄 알리려 하고 있다만
어찌 피고 지는 것 상관했었나?
거의 다 선정(禪定)에 든 사람들인데.

깊은 골짜기에 꽃이 피었다. 봄이 왔다고 알리는 것만 같다. 그러나 수행에 든지라 꽃이 피고 지는 것에 마음 쓰지 않는다. 더 이상 꽃이 핀다고 기쁠 것도, 꽃이 진다고 슬플 것도 없다. 봄이 와도 그뿐, 봄이 가도 그뿐. 그렇게 기쁨도 슬픔도 묵음 처리했다. 세상의 어떤 변화에도 흔들리지 않으리라.

山花發幽谷 欲報山中春 何曾管開落 多是定中人
이규보(李奎報), <北山雜題>

산 화 발 유 곡   욕 보 산 중 춘
山花發幽谷 欲報山中春
하 증 관 개 락   다 시 정 중 인
何曾管開落 多是定中人

이규보(李奎報), <北山雜題>

낙산의
오래된 집

동봉에 구름, 안개가 아침 햇살 가려서
나무에 깃든 새는 늦도록 가만있네.
옛집은 이끼 끼고 문은 홀로 닫혔는데
뜰 가득 맑은 이슬이 장미꽃 적시었네.

서울에 위치한 낙산은 산 모양이 낙타의 등과 같아 낙타산이라 하였는데 낙산으로 줄여 불렀다.
낙산에 있던 누구의 집이었을까? 깊은 숲속 오래된 집은 나 홀로 있다. 이끼가 낀 채 문이 단단히 잠겨 있고, 그 옛날 화려한 시절을 기억하듯 장미꽃만이 피어 있다. 사람의 자취 대신 안개와 구름, 이끼, 이슬이 대신 차지한 집이다.

東峰雲霧掩朝暉 深樹棲禽晚不飛 古屋苔生門獨閉 滿庭淸露濕薔薇
최경창(崔慶昌), <駱峯人家>

東峰雲霧掩朝暉 深樹棲禽晚不飛
동봉운무엄조휘 심수서금만불비
古屋苔生門獨閉 滿庭淸露濕薔薇
고옥태생문독폐 만정청로습장미

최경창(崔慶昌), <駱峯人家>

내가 소중히 여기는 것

뜰에 가득한 달빛은 연기 없는 촛불이요
자리에 드는 산빛은 청하지 않은 손님이네.
거기에 솔 거문고가 악보 없는 곡조 타니
그저 소중히 여길 뿐 남에게 전할 수 없네.

🌿

사실은 촛불도 없고 손님도 없고 거문고도 없다. 나는 뜰에 어린 달빛을 연기가 피어오르지 않는 촛불이라 여기고, 자리에 드는 산빛은 불쑥 찾아오는 손님으로 보겠으며, 소나무에 바람 불어 소리가 나는 것은 악보 없는 곡조라 여긴다. 고적한 정취를 즐기며 나 혼자만의 이 시간을 소중히 여기겠다.

滿庭月色無煙燭 入座山光不速賓 更有松絃彈譜外 只堪珍重未傳人
최충(崔冲), <絶句>

滿庭月色無煙燭 入座山光不速賓
更有松絃彈譜外 只堪珍重未傳人

최충(崔冲), <絶句>

어떤 동행

새벽녘 경쇠 소리 울려 퍼질 때
지팡이 짚고 푸른 산 내려왔더니
바위틈의 꽃, 이별이 아쉬웠던지
물 따라 세상으로 내려왔구나.

🌿

새벽녘에 풍경 소리가 맑게 퍼지자 주섬주섬 짐 챙겨서 떠날 채비를 한다. 지팡이 짚고 푸른 산을 휘이휘이 내려온다. 어디에 머물렀는지, 누구와 있었는지는 알 수 없다. 하지만 아쉬운 마음에 걸음이 쉽게 떼어지지 않는다. 얼마나 내려왔을까? 바위틈에 있었을 꽃이 시냇물에 떠내려오고 있다. 나 혼자 보내기가 싫어 이렇게 함께 따라왔구나!

殘夜鳴淸磬 携筇下碧山 巖花猶惜別 隨水出人間
송익필(宋翼弼), <下山>

잔 야 명 청 경   휴 공 하 벽 산
殘夜鳴淸磬 携笻下碧山
암 화 유 석 별   수 수 출 인 간
巖花猶惜別 隨水出人間

송익필(宋翼弼), <下山>

꽃과 나비가
나를 보네

창 밖에서 조용히 걷고 있으니
창 밖에는 하루해 더디게 져서
꽃을 꺾어 어여쁜 머리에 꽂자
벌과 나비 지나다 슬쩍 엿보네.

🌿

답답한 마음에 뜰로 나와 이리저리 거닐어본다. 시간은 더디고 더디게 흘러간다. 권태로움에 꽃을 꺾어 머리에 꽂았다. 그러자 벌과 나비가 슬쩍 나를 엿본다.

從容步窓外 窓外日遲遲 折花揷玉髮 蜂蝶過相窺

김삼의당(金三宜堂), <折花>

> 종용보창외 창외일지지
> 從容步窓外 窓外日遲遲
> 절화삽옥발 봉접과상규
> 折花揷玉髮 蜂蝶過相窺

김삼의당(金三宜堂), <折花>

옥 같은 빛깔,
난초 같은 향기

옥은 흙과 돌에 감추면 나무에 윤기 나고
난초는 쑥에 숨어도 바람결에 향기 나네.
오직 내실 갖췄다면 가릴 수가 없으니
그 마음을 남이 앎이 중요하지 않다네.

🌿

옥란 스님의 시집에 붙인 시다. 옥란(玉蘭)이라는 이름을 '옥'과 '난초'로 풀어 시를 전개했다.

옥은 흙이나 돌에 감추어져 있어도 나무를 윤기 나게 하고 난초는 쑥에 둘러싸여 있어도 향기가 널리 퍼진다. 옥란 스님은 그 진가를 남들이 몰라봐도 늘 옥과 같이 빛나고 난초처럼 향이 나는 사람이었으리라. 지금 이 시를 읽고 있는 당신 또한 그런 사람이리라.

玉藏土石木爲潤 蘭沒蕭艾風傳熏 只緣有實不可掩 渠心非要人見聞

한수(韓脩), <題玉蘭上人詩卷>

옥	장	토	석	목	위	윤		난	몰	소	애	풍	전	훈
玉	藏	土	石	木	爲	潤		蘭	沒	蕭	艾	風	傳	熏

지	연	유	실	불	가	엄		거	심	비	요	인	견	문
只	緣	有	實	不	可	掩		渠	心	非	要	人	見	聞

한수(韓脩), <題玉蘭上人詩卷>

일곱이 마시는 술자리

그림자는 내 몸에서 나뉜 것이고
두 못에 달이 나뉘어 셋이 되었네.
잔 속에서 또한 둘로 나뉘었으니
일곱이 흥이 나서 술을 마시네.

🌿

시인은 아마도 혼술을 하는 모양이다. 조금은 외로울 수 있는 이 술자리에 멋진 상상을 더해본다. 시인과 그림자, 허공의 달과 두 개의 못에 비친 달, 술잔 속에 나뉜 두 달은 모두 합쳐 일곱이 된다. 혼자인 듯 아닌 듯 달밤의 술자리는 정겹기만 하다. 이 시는 이백이 <월하독작(月下獨酌)>에서 나와 그림자, 달 이렇게 셋이 술을 마신다고 한 것의 멋진 변주이다.

影是分身我 雙池月分三 杯中又分兩 七字興長酣

김안국(金安國), <采石餘輝>

^영 ^시 ^분 ^신 ^아　^쌍 ^지 ^월 ^분 ^삼
影是分身我　雙池月分三
^배 ^중 ^우 ^분 ^량　^칠 ^자 ^흥 ^장 ^감
杯中又分兩　七字興長酣

김안국(金安國), <采石餘輝>

비 내리는 날에

먹구름이 하루 종일 큰 물결 보내오니
비스듬히 남풍 끼고 빗줄기 거세다네.
홀로 앉아 향 피우고 옛 책을 읽노라니
마당에 물 넘쳐서 섬돌 잠긴 줄 몰랐구나.

🌿

먹장구름 몰려오더니 거센 비가 내리친다. 향을 피워놓고 가만히 홀로 앉아 책을 읽는다. 이 진공과도 같은 시간이 참으로 소중하다. 얼마나 시간이 흘렀을까? 밖을 내다보니 비가 어찌나 퍼부었는지 섬돌이 물에 잠겨버렸다.
외부에서 어떤 충격과 시련이 온다 해도 나의 내면만 단단히 한다면 아무것도 나를 흔들 수는 없으리라.

黑雲終日送驚濤 斜挾南風雨勢豪 獨坐焚香看古書 不知庭水沒階高
이정주(李廷柱), <雨中>

黑雲終日送驚濤 斜挾南風雨勢豪
獨坐焚香看古書 不知庭水沒階高

이정주(李廷柱), <雨中>

여름날
깊은 산속

여름 나무 그늘져서 낮에도 어두운데
물소리, 새소리가 고요 속에 시끄럽네.
길이 끊겨 아무도 안 올 줄 알면서도
산 구름에 부탁하여 골짝 어귀 막았다네.

여름 나무가 무성하여 골짝은 대낮에도 어둡다. 고요한 정적을 깨는 것은 물소리와 새소리뿐이다. 사람들의 왕래가 없어지면서 길마저 끊겼다. 아무도 찾아올 수 없고 찾아올 리도 없다. 그렇지만 이것만으로는 마음이 놓이지 않는다. 산 구름에 부탁해 골짝 어귀마저 막는다. 이 단절된 시간과 공간이 나의 키를 늘려준다.

夏木成帷晝日昏 水聲禽語靜中喧 已知路絶無人到 猶倩山雲鎖洞門
성운(成運), <大谷晝坐偶吟>

夏木成帷晝日昏 水聲禽語靜中喧
已知路絕無人到 猶倩山雲鎖洞門

성운(成運), <大谷晝坐偶吟>

화담의 집

화담에 자리 잡은 초가집 한 채
맑고 깨끗해 신선 사는 곳 같네.
창을 열면 산들이 모여들었고
침상맡에 냇물 소리 들려온다네.
골 깊으니 바람은 산들 불었고
땅 외지니 나무들 무성하였네.
그 어름에 소요하는 사람 있으니
맑은 아침에 책 읽길 좋아한다네.

화담에 초가집이 한 채 있는데 신선이 사는 곳과 다를 바 없다. 집이 산에 둘러싸여 있고 가까이에 냇물이 흐르고 있다. 무성한 나무들 사이로 산들바람이 분다. 그 풍경들 속으로 산책을 다니다 책을 읽는다. 산은 오로지 나와 이웃하고 나와 친구가 되어주고 나만 마주하는 집이다. 화담의 초가집은 생각과 마음을 가꾸기에 참 좋은 집이었으리라.

花潭一草廬 蕭洒類僊居 山簇開軒面 泉絃咽枕虛
洞幽風淡蕩 境僻樹扶疎 中有逍遙子 淸朝好讀書

서경덕(徐敬德), <山居>

1. 혼자라서 좋은 시간

<small>화 담 일 초 려</small> <small>소 쇄 류 선 거</small>
花潭一草廬 蕭洒類僊居
<small>산 족 개 헌 면</small> <small>천 현 인 침 허</small>
山簇開軒面 泉絃咽枕虛
<small>동 유 풍 담 탕</small> <small>경 벽 수 부 소</small>
洞幽風淡蕩 境僻樹扶疎
<small>중 유 소 요 자</small> <small>청 조 호 독 서</small>
中有逍遙子 淸朝好讀書

서경덕(徐敬德), <山居>

산에
살리라

언제나 집을 옮겨 산 가까이 살면서
이 내 몸은 이 세상서 모른 척하고파.
담장도 하나 없는 오두막 지어놓고
천 개 봉우리 다 가져다 방에다 들였으면.

🌿

사람들 복작대는 곳에 살기 싫어서 언제나 산 가까이에 살고 싶었다. 사람도 만나기 싫고 시비(是非)도 따지고 싶지 않다. 담장이 없어도 좋으니 오두막 한 채 지어놓고, 방문을 열면 산봉우리가 보이는 그런 집에 살고 싶다. 산하고만 이웃 되고 친구 되고 싶다.
'천 개의 산봉우리를 방 안으로 옮겨놓는다'는 상상이 특히 인상적인 시이다.

每欲移家住近山 此身於世不相關 須營草閣無墻壁 盡取千峰入臥間
홍세태(洪世泰), <書懷>

매 욕 이 가 주 근 산
每欲移家住近山 차 신 어 세 불 상 관
此身於世不相關
수 영 초 각 무 장 벽
須營草閣無墻壁 진 취 천 봉 입 와 간
盡取千峰入臥間

홍세태(洪世泰), <書懷>

비상을 꿈꾸다

외로운 학이 멀리 하늘을 보며
밤이 추워서 한쪽 다리 접었네.
서풍이 대나무 숲 괴롭혀대니
온몸에 가을 이슬 맺히었구나.

🌿

학은 저 먼 하늘에 비상의 꿈을 새긴다. 그렇지만 밤이 되자 추운 공기에 한쪽 다리를 접고 잠시 쉼을 갖는다. 대나무 숲에 바람이 불고 가을 이슬이 내린다. 날은 점점 추워지고 온몸에 이슬이 맺히지만 학은 하늘로 올라갈 꿈을 끝내 접지 않는다. 추위에 잠시 다리 하나는 접을지라도 두 무릎은 꿇지 않겠다.

獨鶴望遙空 夜寒拳一足 西風苦竹叢 滿身秋露滴

이달(李達), <畫鶴>

독 학 망 요 공   야 한 권 일 족
獨鶴望遙空 夜寒拳一足
서 풍 고 죽 총   만 신 추 로 적
西風苦竹叢 滿身秋露滴

이달(李達), <畫鶴>

어제와
다른 사람

작년에도 여전히 그런 사람
올해에도 여전히 그런 사람.
내일이면 새해가 시작되나니
해마다 같은 사람 되지 말기를.

🌿

한 해의 마지막 날에는 지난 한 해를 어찌 살았나 찬찬히 생각하는 시간을 갖는다. 작년이나 올해나 그렇게 달라진 것이 없고 똑같은 한 해를 살아낸 것만 같다. 도돌이표같이 한 걸음도 내딛지 못했다.
그렇지만 내년에는 그렇게는 살아가지 않으리라 다짐한다. 새로운 삶을 살아서 다른 해들과는 달라지리라 굳게 마음먹는다.

去年猶是人 今年猶是人 明年是明日 莫作每年身
이식(李植), <除夜>

去年猶是人 今年猶是人
明年是明日 莫作每年身

이식(李植), <除夜>

2. 보고만 있어도 좋은 사람들

〈아마다도 소식〉이란 아름다운 영화가 있다. 한 부부가 아이들과 한참을 함께 놀다가 헤어진다. 멀어져가는 아이들을 보며 부부는 눈물이 터진다. 그 눈물은 어떤 의미였을까?

연 날리던
아이

연날리기 막 마치고 숨을 씩씩 쉬더니만
처마 끝 고드름을 하나 떼서 베어 먹고,
책상에 돌아와서 쉴 새 없이 콜록대니
글 읽는 목소리가 파리 소리 꼭 닮았네.

그 녀석 연 날릴 때는 신이 나서 숨이 턱밑까지 차오르도록 뛰어다녔다. 목이 말랐는지 처마 끝 고드름을 뚝 떼어서 베어 먹기도 했다. 그러더니 집에 돌아와서는 감기에 걸린 듯 연신 콜록댄다. 겨우겨우 책 읽는 소리는 파리 소리처럼 자그맣다. 고놈! 뛰어놀 때 쌩쌩하더니 공부할 때 다 죽어간다.

趁鳶纔罷氣騰騰 吃却簷端一股氷 歸對書床無盡嗽 讀聲出口只如蠅

유득공(柳得恭), <飛鳶童子>

진	연	재	파	기	등	등	흘	각	첨	단	일	고	빙
趁	鳶	纔	罷	氣	騰	騰	吃	却	簷	端	一	股	氷

귀	대	서	상	무	진	수	독	성	출	구	지	여	승
歸	對	書	床	無	盡	嗽	讀	聲	出	口	只	如	蠅

유득공(柳得恭), <飛鳶童子>

따스한
방 안 풍경

늙은 처와 아이들은 여기저기 자리 잡고
주인 영감, 한복판에 대자로 누웠겠지.
화로에 붉은 숯이 따숩게 덥힌 뒤로
쓰러져 방을 다시 나서지 않으리라.

이 시에는 따뜻한 이야기가 숨어 있다. 시인에게 친구가 있었는데, 시도 잘 쓰고 노래도 잘 불렀지만 몹시 가난했다. 친구는 집안에 숯이 떨어지자 시인에게 숯을 청했다. 시인은 흔쾌히 숯을 보내주었다. 그러자 친구가 답례로 시를 보내왔고, 시인도 화답해 이 시를 보내주었다. 시를 읽노라니, 숯이 따뜻하게 방을 덥히듯 내 마음도 행복해진다.

老妻西畔小兒東 大臥中間是主翁 自得一爐紅炭後 頹然不復出房櫳
이병연(李秉淵), <寢翁有謝炭詩 戱次>

노 처 서 반 소 아 동　　대 와 중 간 시 주 옹
老妻西畔小兒東　大臥中間是主翁
자 득 일 로 홍 탄 후　　퇴 연 부 복 출 방 롱
自得一爐紅炭後　頹然不復出房壠

이병연(李秉淵), <癡翁有謝炭詩 戲次>

소꿉친구

가만히 어릴 때 일 떠올려보면
부끄러워 얼굴이 붉어지는데,
낭군은 장난치기 좋아하여서
두 번 시집온 여자라 놀리네.

두 사람은 어릴 적에 꼬마 신랑과 꼬마 각시가 되어 소꿉장난을 했다. 꼬마 신랑은 점잔을 뺐을 것이고 꼬마 각시는 다소곳했으리라. 그러다 어른이 되어 정말 결혼을 했다. 어쩌다 어릴 적 일을 떠올리면 아내는 부끄러워 얼굴이 붉어졌다. 그런데 남편은 아직도 장난기가 많아 아내보고 두 번 시집온 여자라고 놀렸다. 그저 사랑스러운 부부이다.

暗憶少小事 含羞面發紅 郞性好戱劇 道妾再嫁儂

이안중(李安中), <子夜歌二十首>

<pre>
암 억 소 소 사   함 수 면 발 홍
暗憶少小事 含羞面發紅
낭 성 호 희 극   도 첩 재 가 농
郞性好戱劇 道妾再嫁儂
</pre>

이안중(李安中), <子夜歌二十首>

행복한 기다림

강촌에 날 저물어 사립문 두드리니
저녁 이슬 함초롬히 옷깃에 스며드네.
강 길에 불빛 밝고 개 소리 들리더니
아이가 찾아와서 주인 온다 알려주네.

시인이 강릉 경포대에 사는 친구의 집을 찾아갔는데 마침 외출 중이었다. 사랑채에서 얼마나 기다렸을까? 멀리 길에서 불빛 보이고 집주인이 돌아오는 것을 알리는 개 짖는 소리가 들린다. 그러더니 아이가 와서 친구가 돌아왔다고 알려준다. 늦게라도 만날 수 있는 사람을 기다리는 시간은 얼마나 행복한가?

沙村日暮扣柴扉 夕露微微欲濕衣 江路火明聞犬吠 小童來報主人歸
신광한(申光漢), <崔同年鏡浦別墅 卽事 次昌邦韻>

沙村日暮扣柴扉 夕露微微欲濕衣
江路火明聞犬吠 小童來報主人歸

신광한(申光漢), <崔同年鏡浦別墅 卽事 次昌邦韻>

모두 다
한마음으로

곰취로 쌈을 싸고 김으로 쌈을 싸서
온 집안 어른, 아이 둘러앉아 밥을 먹네.
세 번 쌈을 먹고 서른 섬이라 함께 외치니
가을 오면 작은 땅에 수레가 가득하리.

정월 대보름에 복쌈을 먹는 풍속을 시로 읊은 것이다. 시골집에서는 묵은 나물이나 김 또는 무청, 배추김치에 밥을 싸서 한 입 먹고는 열 섬, 두 입 먹고는 스무 섬, 세 입 먹고는 서른 섬이라 외쳤다. 이것이 바로 '풍년 빌기'이다.
이 사소한 풍경이 참으로 아름답다. 모두가 같은 음식을 먹으며 한마음으로 무언가 기원하는 모습은 얼마나 아름다운가.

熊蔬裹飯海衣如 渾室冠童匝坐茹 三嚥齊嘑三十斛 來秋甌窶滿田車
김려(金鑢), <上元俚曲>

熊蔬裹飯海衣如　渾室冠童匝坐茹
웅 소 과 반 해 의 여　혼 실 관 동 잡 좌 여
三嚥齊嘑三十斛　來秋甌簍滿田車
삼 연 제 호 삼 십 곡　내 추 구 구 만 전 거

김려(金鑢), <上元俚曲>

너보다
예쁜 꽃은 없단다

딸아이 처음으로 말 배우는데
꽃 꺾고선 그것을 즐거워하네.
웃음 띠며 부모에게 물어보는 말
"내 얼굴이 꽃과 비슷한가요?"

옛사람들도 딸에 대한 시를 많이 남겼다. 그중에 어린 딸을 다룬 내용이 가장 많은 분량을 차지한다. 어린 자식이 주는 행복감은 부모에게만 허락된 아주 짧은 축복의 순간이다.
말을 막 배우는 딸이 꽃을 꺾으며 해맑게 놀고 있다. 아이는 그 꽃을 가지고 와서 묻는다. "엄마 아빠, 제가 꽃처럼 예뻐요?" 아빠에게 딸보다 예쁜 꽃은 없다.

女兒始學語 折花以爲娛 含笑問爺孃 女顔花似無
신정(申最), <見稚女折花爲戲喜而有作>

여 아 시 학 어   질 화 이 위 오
女兒始學語 折花以爲娛
함 소 문 야 양   여 안 화 사 무
含笑問爺孃 女顏花似無

신정(申晸), <見稚女折花爲戲喜而有作>

저자도의
멋진 소리

큰아이가 책 읽는 집으로
강물이 세차게 콸콸 흘러오누나.
봄 물결에 팔딱이는 물고기 소리
마음속 옹졸함을 부수어주네.

저자도(楮子島)는 서울 압구정동과 옥수동 사이에 있던 섬이다. 닥나무[楮桑]가 많아서 저자도란 이름이 붙었다. 이 시는 김창흡이 저자도의 별장에 붙인 춘첩자다.
아이가 책을 읽는데, 한강물이 세차게 흐르고 물고기가 펄쩍펄쩍 뛰는 소리가 들린다. 글 읽는 소리, 강물 소리, 물고기 소리의 하모니는 마음속 옹졸함을 사라지게 해준다.

大兒讀書軒 江水來活活 春波躍魚聲 打破胸中拙
김창흡(金昌翕), <楮島春帖>

^{대 아 독 서 헌} ^{강 수 래 활 활}
大兒讀書軒 江水來活活
^{춘 파 약 어 성} ^{타 파 흉 중 졸}
春波躍魚聲 打破胸中拙

김창흡(金昌翕), <楮島春帖>

달 같고 꽃 같은
내 님

온 하늘에 달이 밝고 온 뜰에 꽃이 펴서
꽃 그림자 엉긴 데에 달그림자 드리우네.
달 같고 꽃 같은 임 마주 보고 앉았으니
세상의 영욕 따위 어느 집 이야긴가.

하늘에는 밝은 달이 좋고요 뜰에는 예쁜 꽃이 좋아요. 밝은 달 아래 예쁜 꽃이 있으니 얼마나 좋은지요. 그런데다 내 님은 달 같기도 꽃 같기도 해서 보고만 있어도 좋아요. 이렇게 좋은 내 님과 마주하고 있으니 세상 부귀와 출세는 눈에 들어오지도 않아요. 우리 님 얼굴 보면서 그렇게 한평생 늙어가고 싶어요. 이 시는 시인이 남편의 시에 화답해서 쓴 것이다.

滿天明月滿園花 花影相添月影加 如月如花人對坐 世間榮辱屬誰家
김삼의당(金三宜堂), <和夫子吟詩>

만 천 명 월 만 원 화	화 영 상 첨 월 영 가
滿天明月滿園花	花影相添月影加
여 월 여 화 인 대 좌	세 간 영 욕 속 수 가
如月如花人對坐	世間榮辱屬誰家

김삼의당(金三宜堂), <和夫子吟詩>

봄날에
아이들 장난

김 씨의 동쪽 동산 새하얀 흙담에는
복사나무, 살구나무 사이좋게 늘어섰네.
버들피리 불어대고 복어 껍질 북을 치며
어깨동무 어린애들 나비 잡기 바쁘다네.

<아미다도 소식>이란 아름다운 영화가 있다. 한 부부가 아이들과 한참을 함께 놀다가 헤어진다. 멀어져가는 아이들을 보며 부부는 눈물이 터진다. 그 눈물은 어떤 의미였을까?
아이들은 버들로 피리를 만들고 복어 껍질로는 북을 친다. 그러다가 저희끼리 나비를 잡느라 분주하다. 아무것도 아닌 듯한 어떤 풍경이 참으로 아름답다.

金氏東園白土墻 甲桃乙杏併成行 柳皮觱栗河豚鼓 聯臂小兒獵蝶壯
이덕무(李德懋), <春日題兒戱>

^김金 ^씨氏 ^동東 ^원園 ^백白 ^토土 ^장墻 ^갑甲 ^도桃 ^을乙 ^행杏 ^병併 ^성成 ^행行
^유柳 ^피皮 ^필觱 ^률栗 ^하河 ^돈豚 ^고鼓 ^연聯 ^비臂 ^소小 ^아兒 ^렵獵 ^접蝶 ^장壯

이덕무(李德懋), <春日題兒戲>

인생의
가장 큰 즐거움

밥 먹고 채소밭을 느릿느릿 걸어가니
병든 아내 뒤따르고 아이들 앞장서네.
인생의 이 즐거움에 더 바랄 것 없으니
그 누가 수고롭게 백 년을 살려 하나.

밥을 먹고 가족들과 산보를 한다. 아내는 뒤에서 보폭을 맞추고, 아이들은 뭐가 그리 신이 났는지 앞장서 달려나간다. 바라보기에 흐뭇한 풍경이다.

인생은 무언가 거창한 무게가 있는 게 아니다. 그런데도 우리는 시간과 마음을 쏟아야 할 곳은 소홀히 하고 애먼 데를 기웃거린다. 아무런 일 없는 날, 무엇인지 기억할 수도 없는 사소한 기억들…, 바로 행복의 다른 이름이다.

食後徐行向菜田 病妻隨後稚兒先 人生此樂餘無願 誰自勞勞送百年
오숙(吳䎘), <食後>

식	후	서	행	향	채	전	병	처	수	후	치	아	선
食	後	徐	行	向	菜	田	病	妻	隨	後	稚	兒	先

인	생	차	락	여	무	원	수	자	로	로	송	백	년
人	生	此	樂	餘	無	願	誰	自	勞	勞	送	百	年

오숙(吳䎘), <食後>

새벽에
집을 나서다

초가집 닭 새벽에 울어대는데
농부는 일어나서 소 먹이고는
새벽 달빛 아래서 사립문 닫고
"워워" 하면서 서쪽 밭 갈러 가네.

이 집 농부는 어찌나 부지런한지 닭이 울기도 전에 일어나 소를 먹인다. 그러고는 날이 밝으려면 아직 시간이 남아 있는데 소를 끌고서 서쪽 밭으로 간다. 소는 농부의 새벽 일터에 동행을 마다하지 않는다. 농부와 소의 아름다운 연대를 보여주는 평화로운 풍경이다.

茅舍鷄鳴早 農人起飯牛 柴扉掩殘月 叱叱向西疇

최윤창(崔潤昌), <田舍>

모	사	계	명	조		농	인	기	반	우
茅舍雞鳴早 農人起飯牛
시	비	엄	잔	월		질	질	향	서	주
柴扉掩殘月 叱叱向西疇

최윤창(崔潤昌), <田舍>

할머니의
자장가

아가야 아가야 울지 말아라.
살구꽃이 울타리에 붉게 폈잖니.
살구꽃이 피어서 열매 영글면
아가야 우리 함께 따 먹자꾸나.

아빠는 아이에게 산에서 나무하고 돌아올 때 과일을 따 오겠다고 약속했다. 아이는 아빠를 기다렸고 할머니는 아들을 기다렸다. 그런데 아이가 갑자기 아빠를 찾으며 울음을 터뜨린다. 할머니는 당장 구할 수 없는 과일 대신 살구꽃으로 시선을 돌린다. 살구가 열리면 할미랑 둘이 따 먹자며 노래를 부른다. 아이는 할머니의 자장가를 들으며 스르르 잠 속으로 빠져들지 않았을까.

抱兒兒莫啼 杏花開籬側 花開且結子 吾與爾共食
이양연(李亮淵), <村家>

^{포 아 아 막 제} ^{행 화 개 리 측}
抱兒兒莫啼 杏花開籬側
^{화 개 차 결 자} ^{오 여 이 공 식}
花開且結子 吾與爾共食

이양연(李亮淵), <村家>

어떤
고자질

해 저물어 김매다 집으로 오니
어린 자식 문에서 일러바치네.
"동쪽 집은 소들을 단속치 않아
냇가 기장을 죄다 먹었다네요."

종일 밭에서 일하다 돌아온 아버지를 어린 자식들이 맞아준다. 그런데 그놈들 하는 말이 참으로 재미나다. 동쪽 집에서 소를 잘 매어놓지 않아서 냇가에 있는 기장을 모조리 뜯어 먹었다고 한다. 동쪽 집은 사달이 났지만, 우리 집 소는 자신들이 잘 관리했다고 뻐기는 말이다. 아버지의 귀갓길은 하루의 묵진한 피로와 함께하지만, 아이들의 환대는 어디에 비할 데 없는 비타민이 되어준다.

日暮罷鋤歸 稚子迎門語 東家不愼牛 齕盡溪邊黍
손필대(孫必大), <田家>

일 모 파 서 귀   치 자 영 문 어
日暮罷鋤歸 稚子迎門語
동 가 불 신 우   흘 진 계 변 서
東家不愼牛 齕盡溪邊黍

손필대(孫必大), <田家>

별 헤는 밤

규방에 초승달이 스며들 제에
여자애들 손잡고 어울려 나와
고개 들어 하늘 별 헤아리면서
"별 일곱 나도 일곱" 노래 부르네.

초승달이 떠오르자 여자애들이 기다렸다는 듯 방을 나선다. 밤하늘 별을 보며 "별 하나 나 하나, 별 둘 나 둘" 노래를 부른다. 달이 뜨면 달을 반갑게 보고 별이 뜨면 별을 헤아렸다.
요즈음은 도시의 불빛에 가려 달과 별이 잘 보이지 않지만, 그래도 가끔은 시간을 내어 사랑하는 사람들과 함께 밤하늘 속 별을 헤아려볼 일이다.

初月上中閨 女兒連袂出 擧頭數天星 星七儂亦七

최성대(崔成大), <古雜曲>

초월상중규 여아련메출
初月上中閨 女兒連袂出
거두수천성 성칠농역칠
擧頭數天星 星七儂亦七

최성대(崔成大), <古雜曲>

어릴 때 살던
옛 집터

기장 밭에 묻혀버린 오래된 집터
쌓인 돌에 그을음이 여태도 검다.
그 옛날 하루해가 저물 적에는
어머니는 창 아래서 길쌈을 했네.

어릴 때 살던 옛 집터를 찾았다. 기장이 웃자라 집터를 가리고 있지만 부뚜막이었을 돌에 남은 그을음 보고 옛집인 줄 알아보았다.
옛집은 그때로 시간여행을 가능케 만들어준다. 모든 것이 사라져버린 집에서 언제나 그대로인 어머니의 음성과 품속을 복원해본다.

古墟禾黍中 堆石煤猶黑 昔日日斜時 阿孃窓下織
이양연(李亮淵), <梧州舊居>

고	허	화	서	중		퇴	석	매	유	흑
古	墟	禾	黍	中		堆	石	煤	猶	黑

석	일	일	사	시		아	양	창	하	직
昔	日	日	斜	時		阿	孃	窓	下	織

이양연(李亮淵), <梧州舊居>

호박잎 뚜껑

시골 아낙, 두 마리 개를 데리고
광주리에 점심밥 담아 내간다.
벌레가 국그릇에 들어갈까 봐
호박잎 따서 그릇 위에 덮었네.

한 폭의 풍경화 같다. 시골 아낙이 광주리에 들밥을 이고 나르는데, 개 두 마리가 앞서거니 뒤서거니 따라온다.
시인은 돌연 광주리 안쪽을 줌인(zoom-in)한다. 국그릇에 벌레가 들어갈까 싶어 호박잎을 뚜껑 삼아 덮어놓았다. 점심을 정성껏 준비해 내가는 아낙의 풍경이 따스하고 아름답다.

村婦從兩犬 栲栳盛午饁 或恐虫投羹 覆之以瓠葉
이용휴(李用休), <送申使君光洙之任漣川>

村婦從兩犬 栲栳盛午饁
或恐虫投羹 覆之以瓠葉

이용휴(李用休), <送申使君光洙之任漣川>

아이와 노인의
한판 승부

이웃집 꼬마 와서 대추를 털어대니
노인이 문밖 나와 꼬마를 쫓는구나.
꼬마가 돌아와서 노인에게 말하기를
"내년에 대추 털 때 막아서지 못할걸요."

아이는 대추를 털고 노인은 그때마다 나와서 아이를 쫓는다. 노인은 아이가 대추나무를 몽땅 털어갈 심사인 것이 괘씸했고, 아이는 대추 몇 개 따는 것을 막는 게 기분 나빴다. 아이는 끝내 빈정이 상해서 내년에 자신이 대추 털 때 노인은 이 세상 사람이 아니어서 못 막을 거라며 악담을 한다. 노인과 아이의 치열한 신경전이 도리어 웃음을 자아낸다.

隣家小兒來剝棗 老翁出門驅小兒 小兒還向老翁道 不及明年剝棗時
이달(李達), <撲棗謠>

인 가 소 아 래 박 조　　　노 옹 출 문 구 소 아
隣家小兒來剝棗　老翁出門驅小兒
　　　　　　　　　소 아 환 향 로 옹 도　　　불 급 명 년 박 조 시
小兒還向老翁道　不及明年剝棗時

이달(李達), <撲棗謠>

그뿐이면 족한 집

울 옆에서 아내는 절구질하고
나무 아래 아이는 책을 읽는다.
살 곳을 찾아 헤맬 걱정 없으니
바로 여기 내가 사는 나의 집이네.

시인이 인왕산 옥류동 계곡에 지은 이 집의 이름은 이이엄(而已广)으로, '그뿐이면 족한 집'이란 뜻이다. 십 년 동안 돈을 모아 간신히 집을 마련했다. 울타리 옆에서는 아내가 절구질하고 나무 아래에선 아이가 책을 읽고 있다.
남들에겐 특별한 모습을 찾을 수 없는 집이지만, 나에겐 특별한 우리 집이다.

籬角妻舂粟 樹根兒讀書 不愁迷處所 卽此是吾廬
장혼(張混), <答賓>

이	각	처	용	속		수	근	아	독	서
籬角妻舂粟 樹根兒讀書
불	수	미	처	소		즉	차	시	오	려
不愁迷處所 卽此是吾廬

장혼(張混), <答賓>

새벽에 부른 친구

나는 정말 완전 바보, 자네는 반절 바보
오경에도 시 지으면 자네를 불렀는데,
기다려도 오지 않아 꿈에서도 찾았건만
자네 와서 시 읊은 줄 나는 알지 못했다네.

오경(오전 3~5시)에도 시인은 시만 다 쓰면 친구를 불렀다. 시를 빨리 보여주고 싶어서 참을 수가 없었다. 그러다 깜빡 잠이 들었고 그사이 친구가 찾아왔다. 아무 때고 친구를 부르는 사람은 완전 바보였고 그때마다 찾아주는 사람은 절반쯤 바보였다. 아름다운 바보들의 만남이다.

我是全癡君半癡 五更呼喚句成時 待君不至重尋夢 君到吟詩我不知
이병연(李秉淵), <次謝半癡翁>

—

'반치(半癡)'는 이병연의 친구 이태명의 호다. 이병연은 이 호를 활용해 자신은 완전 바보, 친구는 반절 바보라 했다.

| 아 | 시 | 전 | 치 | 군 | 반 | 치 | | 오 | 경 | 호 | 환 | 구 | 성 | 시 |
我是全癡君半癡　五更呼喚句成時
| 대 | 군 | 불 | 지 | 중 | 심 | 몽 | | 군 | 도 | 음 | 시 | 아 | 부 | 지 |
待君不至重尋夢　君到吟詩我不知

이병연(李秉淵), <次謝半癡翁>

3. 자연과 함께하는 지적이고 아름다운 삶

산사에서 잠을 청했다. 종잇장처럼 얇은 이불은 한기가 고스란히 스미고 등불은 밤새 어둡다. 뜬 눈으로 밤을 새버렸다. 이제나저제나 종소리가 들려올까 싶었지만, 게으른 사미승은 밤새 내린 눈을 탓하며 종 치는 일을 빼먹었다.
더는 잠을 자는 것을 포기하고 방문을 나선다. 산문을 일찍 열고 나간다는 사미승의 지청구를 뒤로하고 눈 쌓인 소나무를 바라본다.

새벽에 산문을 연 까닭

종이 이불 차갑고 등불은 어두운데
사미승 날이 새도록 종 치지 않는구나.
틀림없이 손님이 일찍 문 엶을 화내겠지만
암자 앞에 눈 쌓인 소나무 보려 했을 뿐이네.

산사에서 잠을 청했다. 종잇장처럼 얇은 이불은 한기가 고스란히 스미고 등불은 밤새 어둡다. 뜬눈으로 밤을 새버렸다. 이제나저제나 종소리가 들려올까 싶었지만, 게으른 사미승은 밤새 내린 눈을 탓하며 종 치는 일을 빼먹었다.

더는 잠을 자는 것을 포기하고 방문을 나선다. 산문을 일찍 열고 나간다는 사미승의 지청구를 뒤로하고 눈 쌓인 소나무를 바라본다.

紙被生寒佛燈暗 沙彌一夜不鳴鐘 應嗔宿客開門早 要看巖前雪壓松

이제현(李齊賢), <山中雪夜>

지 피 생 한 불 등 암   사 미 일 야 불 명 종
紙被生寒佛燈暗 沙彌一夜不鳴鐘
응 진 숙 객 개 문 조   요 간 암 전 설 압 송
應嗔宿客開門早 要看巖前雪壓松

이제현(李齊賢), <山中雪夜>

봄비

봄비는 방울 짓지 못하였는데
밤중에 부슬부슬 소리 들리니,
눈 녹아 남쪽 시내 불어날 테고
풀싹도 이들이들 돋아나겠지.

어느 봄날, 소리도 나지 않을 만큼, 방울이 맺히는 것이 보이지도 않을 만큼 가느다란 빗줄기가 내린다.
세상사 보이지 않고 들리지 않는다고 아무런 일도 없던 것은 아니다. 미세한 몸부림과 작디작은 다짐 속에 희망도 그렇게 거짓말처럼 찾아오지 않을까.

春雨細不滴 夜中微有聲 雪盡南溪漲 草芽多少生
정몽주(鄭夢周), <春興>

_{춘 우 세 불 적} _{야 중 미 유 성}
春雨細不滴 夜中微有聲
_{설 진 남 계 창} _{초 아 다 소 생}
雪盡南溪漲 草芽多少生

정몽주(鄭夢周), <春興>

이른 봄날

버들에 금빛 차고 매화엔 옥빛이 도니
작은 못의 새 물은 이끼보다 푸르다네.
설움과 설렘 중에 어느 쪽이 더 깊을까
제비도 아니 오고 꽃도 아직 안 폈는데.

버들은 물오르고 매화는 옥빛 꽃봉오리가 맺혔다. 겨우내 얼어 있던 못물은 녹아서 이끼보다 푸르다. 그렇지만 제비도 아직 오지 않고 봄꽃도 피지 않았다. 봄날은 초입부터 설렘인가, 서러움인가 알 수 없는 감정이 밀려온다.
김기림은 <봄은 전보도 안 치고>에서 "글쎄 봄은 언제 온다는 전보도 없이 저 차를 타고 도적과 같이 왔구려"라고 했다. 아! 봄이다.

金入垂楊玉謝梅 小池新水碧於苔 春愁春興誰深淺 燕子不來花未開
서거정(徐居正), <春日>

| 금 | 입 | 수 | 양 | 옥 | 사 | 매 | | 소 | 지 | 신 | 수 | 벽 | 어 | 태 |
金入垂楊玉謝梅 小池新水碧於苔
| 춘 | 수 | 춘 | 흥 | 수 | 심 | 천 | | 연 | 자 | 불 | 래 | 화 | 미 | 개 |
春愁春興誰深淺 燕子不來花未開

서거정(徐居正), <春日>

아내와 함께한 술자리

봄밤에 가랑비가 처마를 울리나니
늙은이 평생토록 이 소리 좋아했네.
옷 입고 심지 돋우고 잠을 못 이루고서
아내와 앉아서는 거푸 잔을 들이키네.

봄밤 처마에서 떨어지는 가랑비 소리. 그 소리가 시인은 언제나 듣기 좋았다. 아직은 썰렁한 봄밤이라 따스하게 옷을 챙겨 입고 등잔불 심지를 돋우면서 빗소리를 듣는다. 이럴 때는 술 한잔 하지 않을 수 없다. 아내와 마주 앉아 술잔을 든다. 빗소리는 좋은 안주가 되어준다.

春宵小雨屋簷鳴 老子平生愛此聲 擁褐挑燈因不寐 對妻連倒兩三觥
권필(權韠), <夜雨雜詠>

^{춘 소 소 우 옥 첨 명}
春宵小雨屋簷鳴 ^{노 자 평 생 애 차 성}
老子平生愛此聲
^{옹 갈 도 등 인 불 매}
擁褐挑燈因不寐 ^{대 처 련 도 량 삼 굉}
對妻連倒兩三觥

권필(權韠), <夜雨雜詠>

그대는 공무를 하고
나는 시를 쓴다

시 주머니, 원래 장군 깃발이 아니었고
곳곳에 수레 쫓는 백성들 있을 뿐이네.
도중에 봄 경치가 이천 리 펼쳐졌지만
강산은 늙은 서생에게 맡기어 주시기를.

채제공이 평안도 관찰사가 되었을 때 목만중이 써준 시로 보인다. 시에서 '장군'이라고 한 것은 관찰사가 병마절도사를 겸하기 때문이다.
지금 봄 경치가 좋아 시 짓기에 안성맞춤이다. 그렇지만 채제공은 백성을 위한 공무에 매진해야 하니 시는 자신과 같은 서생에게 맡기라 한다. 시의 원래 제목 〈江界道中 戲贈樊巖使相〉에 '희(戲)'가 있는 것으로 보아 농을 담아 쓴 시다.

詩囊元不屬牙旌 處處隨車有峽氓 一路烟花二千里 江山付與老書生
목만중(睦萬中), 〈江界道中 戲贈樊巖使相〉

시 낭 원 불 속 아 정　　처 처 수 차 유 협 맹
詩囊元不屬牙旌　處處隨車有峽氓
일 로 연 화 이 천 리　　강 산 부 여 로 서 생
一路烟花二千里　江山付與老書生

목만중(睦萬中), <江界道中 戲贈樊巖使相>

매화 향기에
넋을 잃다

가랑비가 내려서 갈 길을 잃고
나귀 타고 바람 불 제 십리 길 가네.
들매화는 곳곳에 피어 있어서
그윽한 향기 탓에 넋을 잃었네.

가랑비 보슬보슬 내리고 바람이 분다. 빗속에 나귀 타고 길을 가는데 들판에 핀 매화에서 그윽한 향이 날아온다. 그 향에 취해 가다 보니 십리 길을 훌쩍 지나왔다. 매화 향기 덕에 조금은 싸늘한 봄비 속 나그네 길이 더없이 아름답고 운치 있는 길로 탈바꿈했다. 길을 잃은 것이 아니라 넋을 잃었다.

細雨迷歸路 騎驢十里風 野梅隨處發 魂斷暗香中

이후백(李後白), <絶句>

^{세 우 미 귀 로} ^{기 려 십 리 풍}
細雨迷歸路 騎驢十里風
^{야 매 수 처 발} ^{혼 단 암 향 중}
野梅隨處發 魂斷暗香中

이후백(李後白), <絶句>

봉은사 스님은
무얼 하고 있을까

삼월의 광릉에는 온 산에 꽃이 피고
맑은 강 위 뱃길은 구름에 잠기었네.
배 안에서 등을 돌려 봉은사 가리키니
소쩍새 울 제 스님은 빗장을 내리겠지.

봉은사는 강남 한복판에 있는 절이고 광릉은 봉은사가 있는 한강 남쪽을 이른다. 이곳 산에는 꽃이 활짝 피어 있고 맑은 강 뱃길 위로는 구름이 가득하다. 배 안에서 봉은사 쪽을 바라보며 스님을 떠올린다. 아마도 소쩍새 우는 밤이 되면 봉은사의 빗장을 지르리라.

三月廣陵花滿山 晴江歸路白雲間 舟中背指奉恩寺 蜀魄數聲僧掩關

최경창(崔慶昌), <奉恩寺僧軸>

삼 월 광 릉 화 만 산   청 강 귀 로 백 운 간
三月廣陵花滿山 晴江歸路白雲間
주 중 배 지 봉 은 사   촉 백 수 성 승 엄 관
舟中背指奉恩寺 蜀魄數聲僧掩關

최경창(崔慶昌), <奉恩寺僧軸>

처마 끝에
꽃잎 하나

봄바람에 밤새 비 내려댔으니
봄날의 일은 과연 어떠할 건가.
사랑스럽게도 산속의 새가
한 조각 꽃 머금고 다가왔구나.

아침에 일어나 보니 처마 끝에 꽃잎이 하나 매달려 있다. 간밤에 봄바람 불고 비도 내렸다. 꽃잎이 져서 꽃구경을 못할까 마음 졸였는데, 처마에 떡하니 꽃잎이 붙어 있다. 누가 거기다 꽃잎을 붙여놓았을까?
시인은 산새가 꽃잎을 물어다 놓았다는 깜찍한 상상력을 발휘한다. 봄날의 그림 같은 풍경을 그렇게 포착해냈다.

東風連夜雨 春事果如何 爲愛山中鳥 含來一瓣花
변종운(卞鍾運), <朝起 簷端有花蘂一瓣>

동풍련야우　춘사과여하
東風連夜雨　春事果如何
위애산중조　함래일판화
爲愛山中鳥　含來一瓣花

변종운(卞鍾運), <朝起 簷端有花蘂一瓣>

산과 집에
꽃이 핀다

버들개지 휘날리고 뉘엿뉘엿 해 지는데
문 앞에 버드나무 심은 집은 뉘 집인가.
산속에 부귀는 임자가 따로 없어
나무하는 아이마다 꽃 한 짐 지고 오네.

어느 집에서 심어놓은 버드나무인지 저물녘 버들개지가 휘날린다. 산속에도 온통 꽃 잔치다. 그것을 시인은 "산속에 부귀"라고 표현했다.
산속의 부귀는 누구의 소유도 아니어서 먼저 챙기는 사람이 임자다. 나무하러 갔던 아이마다 꽃다발을 지게에다 매달아놓았다. 산속의 부귀가 가난한 집으로 공평하게 옮겨간다. 산에도 꽃이 폈고 집집마다 꽃이 핀다.

落絮繽紛日欲斜 門前種柳是誰家 山中富貴無人管 個個樵童一擔花
현일(玄鎰), <山居四時>

^낙落 ^서絮 ^빈繽 ^분紛 ^일日 ^욕欲 ^사斜 　^문門 ^전前 ^종種 ^류柳 ^시是 ^수誰 ^가家
^산山 ^중中 ^부富 ^귀貴 ^무無 ^인人 ^관管 　^개個 ^개個 ^초樵 ^동童 ^일一 ^담擔 ^화花

현일(玄鎰), <山居四時>

꽃을 지킨 거미

석 달간 봄바람이 꿈결처럼 지나가고
해당화 가지에는 연지가 걸려 있네.
거미도 봄빛을 애석히 여겼던지
가지 끝에 그물 쳐서 지는 꽃 지키었네.

봄날은 야속하게도 지나가버렸다. 해당화도 속절없이 땅에 떨어지고 있었다. 그런데 거미가 해당화 가지에 거미줄을 쳤고, 그 거미줄에 해당화 꽃잎이 걸려 있었다. 이 사소한 장면을 시인은 거미가 봄이 가는 걸 애석히 여겨 그물을 쳐서 지는 꽃을 지켰다고 했다.

지는 꽃은 거미줄에 걸려 자리를 지키고 있었다. 그래서 봄은 얼마나 더 머물렀을까?

九十東風夢裡過 臙脂留却海棠棄 蜘蛛亦解憐春色 遮網枝頭護落花

김인후(金麟厚), <海棠花枝 有蛛網 落英留掛 因以賦之>

九十東風夢裡過 臙脂留却海棠窠
구 십 동 풍 몽 리 과   연 지 류 각 해 당 과
蜘蛛亦解憐春色 遮網枝頭護落花
지 주 역 해 련 춘 색   차 망 지 두 호 락 화

김인후(金麟厚),
<海棠花枝 有蛛網 落英留掛 因以賦之>

깊은 산속

봄 가도 꽃은 아직 피어 있는데
맑은 날 골짜기에 그늘이 졌네.
두견새는 한낮에도 울어댔으니
사는 곳 깊은 줄을 지금 알겠네.

봄은 진작 지났는데 꽃은 아직 봄인 줄 알고 피어 있다. 활짝 갠 낮에도 골짝은 깜깜해서 두견새가 울어댄다. 말 그대로 계절과 날씨, 시간을 착각할 만큼 깊은 산골이다.
사람 없는 산속, 여기서 나는 오래도록 나와 마주하고 싶다.

春去花猶在 天晴谷自陰 杜鵑啼白晝* 始覺卜居深

이인로(李仁老), <山居>

—

두견새(杜鵑)라 나오지만 사실은 소쩍새로 보인다. 옛사람들은 둘을 구분하지 못하고 종종 착각했다. 두견새는 밤낮으로 울고 소쩍새는 밤에만 운다.

　　　　춘 거 화 유 재　　천 청 곡 자 음
　　　　春去花猶在　天晴谷自陰
　　　　두 견 제 백 주　　시 각 복 거 심
　　　　杜鵑啼白晝　始覺卜居深

　　　　　　이인로(李仁老), <山居>

소낙비와 연잎의 전투

바람에 문 닫히자 제비 새끼 놀라고
소낙비 들이치니 골 어귀 어둑했네.
푸른 연잎 삼만 장에 빗줄기 쏟아지자
온통 갑옷 부딪치는 후드득 소리로다.

하늘이 분위기를 잔뜩 잡더니 강렬한 소나기가 이내 쏟아져 내렸다. 바람이 훅 불어 제비 새끼들은 놀랐고 골짜기에는 잔뜩 먹장구름이 끼었다.
일시에 소낙비가 연잎에 쏟아지니 물 화살과 연잎 방패 사이에 한바탕 전투가 벌어진다. 누구 하나 다치지 않지만, 요란스러운 싸움이다. 그러나 해만 뜨면 금세 화해를 한다. 물 화살을 멈추자 연잎 방패도 숨을 죽인다.

風扉自閉燕雛驚 急雨斜來谷口平 散入靑荷三萬柄 嗷嘈盡作鐵軍聲
노긍(盧兢), <驟雨>

풍	비	자	폐	연	추	경		급	우	사	래	곡	구	평
風	扉	自	閉	燕	雛	驚		急	雨	斜	來	谷	口	平
산	입	청	하	삼	만	병		오	조	진	작	철	군	성
散	入	靑	荷	三	萬	柄		嗷	嘈	盡	作	鐵	軍	聲

노긍(盧兢), <驟雨>

황량한 들판에
예쁜 석죽화

세상은 모란꽃만 좋아하여서
뜰에 가득 심어서 가꾸는데,
누가 이 황량한 들판에서도
어여쁜 꽃떨기가 있는 줄 알까.
빛깔은 연못 속의 달에 스미고
향기는 나무 바람에 풍겨 오네.
외진 땅에 공자가 적게 있으니
교태를 농부에게 맡기어두네.

여기 모란과 석죽화가 있다. 모란은 누구나 알아보고 귀히 여기지만, 석죽화는 아무도 눈여겨보지 않는다. 그렇지만 남다른 나만의 장점을 이 세상 누군가는 알아주길 기대한다. 지금도 황량한 들판에서 말라 죽어가는 석죽화가 왜 없겠는가?
이 시는 훗날 왕에게 알려져 시인은 관원으로 임명되었다.

世愛牧丹紅 栽培滿院中 誰知荒草野 亦有好花叢
色透村塘月 香傳隴樹風 地偏公子少 嬌態屬田翁
정습명(鄭襲明), <石竹花>

세	애	목	단	홍		재	배	만	원	중
世	愛	牧	丹	紅		栽	培	滿	院	中

수	지	황	초	야		역	유	호	화	총
誰	知	荒	草	野		亦	有	好	花	叢

색	투	촌	당	월		향	전	롱	수	풍
色	透	村	塘	月		香	傳	隴	樹	風

지	편	공	자	소		교	태	속	전	옹
地	偏	公	子	少		嬌	態	屬	田	翁

정습명(鄭襲明), <石竹花>

찌는 듯한 무더위

찌는 더위가 불보다 더욱 심하니
천 개 화로에 붉은 숯불 부채질하네.
풍이도 더위 먹어 죽을 것이니
불길이 수정궁까지 닿을 것이네.

더위도 이만저만한 더위가 아니다. 천 개나 되는 화로에서 지글지글 숯불이 피워내는 열기와 같다.
'풍이'는 물을 관장하는 신의 이름이고, '수정궁'은 여러 가지 뜻이 있지만 여기서는 용왕의 궁전으로 보았다. 물의 신도 더위 먹어 죽을 지경이고, 불처럼 더운 열기가 바닷속 용왕의 궁전까지 닿는다고 말하고 있다. 이럴진대 사람들이 사는 곳이야 말할 것도 없다. "아! 더워서 못 살겠다."

酷熱甚於火 千爐扇炭紅 馮夷應喝死 燒及水精宮
이규보(李奎報), <苦熱>

^{혹 열 심 어 화} ^{천 로 선 탄 홍}
酷熱甚於火 千爐扇炭紅
^{풍 이 응 갈 사} ^{소 급 수 정 궁}
馮夷應暍死 燒及水精宮

이규보(李奎報), <苦熱>

여름의 별미, 냉면

툭 터진 높다란 집, 참 좋았는데
별미의 새로움에 다시 놀랐네.
자줏빛 육수에는 놀빛 어리고
흰 면발은 눈꽃이 고루 배었네.
젓가락 들자 입 안에 향기 맴돌고
옷 껴입어야 할 듯 한기 감도네.
이로부터 나그네 시름 풀릴 것이니
고향 갈 꿈 자주 꿀 필요 없으리.

산속 정자처럼 툭 터진 높다란 집에서 먹는 그때의 냉면도 차가운 국물에다 맛이 좋았다. 시인은 노을빛 어린 자줏빛 육수, 눈꽃 같은 얼음 조각이 고루 뿌려진 하얀 면, 그리고 한 젓가락 먹었을 때 입 안 가득 펼쳐지는 냉면 향기와 한기까지 오감을 두루 사용하여 냉면을 감각적으로 표현하였다.
이렇게 냉면 한 그릇은 고향을 그리는 향수를 달래주었다.

3. 자연과 함께하는 지적이고 아름다운 삶

已喜高齋敵 還驚異味新 紫漿霞色映˙玉粉雪花勻

入箸香生齒 添衣冷徹身 客愁從此破 歸夢不須頻

장유(張維), <紫漿冷麵>

—

《규합총서》를 비롯한 조선 후기 문헌에 국수를 오미자 국에 말아 먹는다는 대목이 나오는 것으로 보아, 자장(紫漿)은 통상 오미자를 우려낸 국물로 해석한다.

이	희	고	재	창		환	경	이	미	신
已	喜	高	齋	敞		還	驚	異	味	新

자	장	하	색	영		옥	분	설	화	균
紫	漿	霞	色	映		玉	粉	雪	花	勻

입	저	향	생	치		첨	의	랭	철	신
入	箸	香	生	齒		添	衣	冷	徹	身

객	수	종	차	파		귀	몽	불	수	빈
客	愁	從	此	破		歸	夢	不	須	頻

장유(張維), <紫漿冷麵>

한여름 밤

방구석에서 더위 가는 걸 보니
처마 틈의 그늘도 옮겨가누나.
온종일 묵묵하게 말이 없다가
정을 빚어서 짧은 시 짓고 있네.

한여름에 시간을 어렵게 보내고 있다. 더위가 물러가고 그늘이 옮겨가는 것을 가만히 바라보았다. 그 더디고 더딘 시간을 견디어내고 또 하루를 보낸다. 말할 사람 하나 없어서 말 한마디 없다가 내내 머릿속에서 공글리던 생각을 끄집어내어 시를 짓는다.

座隅覺暑退 檐隙見陰移 竟日黙無語 陶情且小詩

남극관(南克寬), <幽憂無所事 漫披詩表 雜題盡卷>

^{좌 우 각 서 퇴} ^{첨 극 견 음 이}
座隅覺暑退 檐隙見陰移
^{경 일 묵 무 어} ^{도 정 차 소 시}
竟日默無語 陶情且小詩

남극관(南克寬), <幽憂無所事 漫披詩表 雜題盡卷>

한밤의 모기

사나운 범, 울 밑에서 으르렁대도
나는 코를 쿨쿨 골며 잠잘 수 있고
기다란 뱀, 처마 끝에 걸려 있으면
꿈틀대는 꼴 누워서 볼 수 있지만
모기의 왱왱 소리, 귓전에 들려오면
기겁하고 낙담하며 마음을 태운다네.
부리 박아 피를 빨면 그것으로 족해야지
어이하여 뼛속까지 독기를 뿜어내냐.
베 이불로 꽁꽁 싸고 이마만 내놓으면
잠깐 새 혹이 돋아 부처 머리 돼버리고
제 뺨을 찰싹 쳐도 헛손질 일쑤이며
넓적다리 급히 쳐도 모기는 간 데 없네.
싸워봐야 소용없고 밤잠만 설치기에
길고 긴 여름밤이 일 년처럼 길 뿐이네.

3. 자연과 함께하는 지적이고 아름다운 삶

모기는 괴로운 존재지만 퇴치법도 마땅치 않다. 피는 뽑아 먹고 숙면은 앗아간다. 오죽하면 사나운 호랑이나 기다란 뱀보다 무섭다고 했을까?

모깃소리가 공습경보처럼 들리면 마음의 평정도 함께 무너져 내린다. 이불로 몸을 꽁꽁 싸매어 보지만, 모기란 놈은 조금이라도 노출된 부위를 잘만 찾아내어 집요하게 공격한다. 잡아보려고 애를 써도 날래게 내뺀다.

모기는 긴 밤을 일 년처럼 느껴지게 만드는 작은 악마다.

猛虎咆籬根 我能齁齁眠 脩蛇掛屋角 且臥看蜿蜒
一蚊譻然聲到耳 氣怯膽落腸內煎 揷觜吮血斯足矣 吹毒次骨又胡然
布衾密包但露頂 須臾瘣瘟萬顆如佛巓
頰雖自批亦虛發 髀將急拊先已遷 力戰無功不成寐 漫漫夏夜長如年•

정약용(丁若鏞), <憎蚊>

—
이하 시는 생략하였다.

猛虎咆籬根　我能齁齁眠
脩蛇掛屋角　且臥看蜿蜒
一蚊譻然聲到耳　氣怯膽落腸內煎
揷觜吮血斯足矣　吹毒次骨又胡然
布衾密包但露頂　須臾瘰癗萬顆如佛巓
頰雖自批亦虛發　髀將急拊先已遷
力戰無功不成寐　漫漫夏夜長如年

정약용(丁若鏞), <憎蚊>

멋진 초대

친구가 먼 곳에서 신 한 켤레 보내옴은
내 집 뜰에 푸른 이끼 덮임을 알아서리.
생각나네, 지난가을 해 지는 산사에서
온 산에 붉은 단풍 밟고서 돌아왔지.

오랜 친구인 스님이 신발 한 켤레를 보내왔다. 무슨 일일까? 그간 시인은 뜰에 이끼가 끼도록 두문불출했다. 지난해 가을 일이 떠오른다. 둘이 함께 온 산을 누비며 단풍을 밟고 다니다 저물녘에 돌아왔었다. 올 가을에는 친구가 보내준 신발을 신고서 친구와 함께 그렇게 온 산을 다니고 싶다.

故人遙寄一雙來 知我庭中有綠苔 仍憶去年秋寺暮 滿山紅葉踏穿回

윤결(尹潔), <山人奇鞋>

故人遙寄一雙來 知我庭中有綠苔
仍憶去年秋寺暮 滿山紅葉踏穿回

윤결(尹潔), <山人奇鞋>

구름
한 점

한양에서 나그네 되고부터는
일 년 내내 집 소식 드물었었네.
한 점 구름이 가을빛 머금고서는
저 홀로 고향 땅에 돌아가누나.

지금도 명절이면 고향으로 민족 대이동을 한다. 고향에 가지 못하고 타지에서 명절을 맞는 사람은 더욱 쓸쓸할 수밖에 없다. 시인도 고향에 돌아가지 못하고 추석을 맞았다. 게다가 집안 소식은 끊긴 지 오래였다.
가을 하늘에 뜬 저 구름은 어디든 갈 수 있으니, 나 대신 고향에 가서 안부를 전해줬으면 좋겠다.

自作漢陽客 一年家信稀 孤雲有秋色 獨向遠山歸

신광수(申光洙), <漢陽秋夕>

자 작 한 양 객　　일 년 가 신 희
自作漢陽客　一年家信稀
고 운 유 추 색　　독 향 원 산 귀
孤雲有秋色　獨向遠山歸

신광수(申光洙), <漢陽秋夕>

낚시

세상에 온갖 일이 생각과 달라서는
강가에서 낚시할 계획도 글렀는데
하룻밤 꿈속 넋이 이 일을 이뤘으니
갈꽃과 안개비가 도롱이에 가득했지.

시인은 어느 날 꿈을 꾸고 그 일을 시로 기록했다. 꿈속에서 시인은 강가에서 낚시질을 하였다. 갈대꽃은 드날리고 안개비는 내려서 꽃과 비가 도롱이를 적시었다. 평소의 계획이 꿈에서 이루어진 셈이다.

소박한 꿈은 고단한 현실에 늘 자리를 양보한다. 그래서 어떤 일들은 언제나 할 수 있지만 끝까지 하지 못한다. 가끔은 현실에서 벗어나 소박한 꿈을 따를 노릇이다.

人間百事與心違 江漢垂綸計亦非 一夜夢魂能辦此 蘆花煙雨滿蓑衣
권필(權韠), <記夢>

| 인 | 간 | 백 | 사 | 여 | 심 | 위 | | 강 | 한 | 수 | 륜 | 계 | 역 | 비 |
人間百事與心違 江漢垂綸計亦非
| 일 | 야 | 몽 | 혼 | 능 | 판 | 차 | | 노 | 화 | 연 | 우 | 만 | 사 | 의 |
一夜夢魂能辦此 蘆花煙雨滿蓑衣

권필(權韠), <記夢>

국화주

날 기다렸던 아내는 술을 챙기고
나를 보고 국화는 꽃을 피우네.
아내는 날 위해 술 가득 따르니
국화는 술잔 위에 꽃잎 띄우네.

이 시는 국화꽃이 핀 가을에 아내가 술을 내놓는 정취를 그렸다. 아내가 술을 따르자 국화는 꽃잎을 날려서 술잔에 꽃을 띄웠다. 남편과 아내는 국화 꽃잎이 살포시 떠 있는 술을 마실 터이다. 더할 수 없이 아름다운 운치다.

待我妻具酒 見我黃花開 妻爲我深酌 黃花泛酒盃

정민교(鄭敏僑), <待我>

^대^아^처^구^주　　^견^아^황^화^개
待我妻具酒　見我黃花開
^처^위^아^심^작　　^황^화^범^주^배
妻爲我深酌　黃花泛酒盃

정민교(鄭敏僑), <待我>

새벽에 주운 밤

서리 온 뒤 떨어진 밤, 빨갛게 아롱졌는데
숲에서 주워 보니 이슬이 그대로네.
아이들 불러 모아 화톳불 헤쳐보니
옥 껍질 타고 나서 금빛 알 튀어나오네.

아침 일찍 숲속을 산보하다 땅에 떨어진 붉은 밤을 주웠다. 아이들 생각에 밤을 더 주워 모았다. 집에 와서 아이들을 불러 모아 불을 피우고 밤을 구웠다. 옥 같은 껍질은 불에 타서 까매지고 알맹이는 톡 하고 튀어나왔다.
노랗게 익은 밤을 먹으며 가족은 한바탕 웃었으리라. 가족은 새벽의 서늘함을 화톳불 같은 온기로 덥혀준다.

霜餘脫實赤爛斑 曉拾林間露未乾 喚起兒童開宿火 燒殘玉殼迸金丸
무명씨(無名氏), <栗>

霜餘脫實赤爛斑　曉拾林間露未乾
상 여 탈 실 적 란 반　효 습 림 간 로 미 건

喚起兒童開宿火　燒殘玉殼迸金丸
환 기 아 동 개 숙 화　소 잔 옥 각 병 금 환

무명씨(無名氏), <栗>

아침에 길을 가다가

말굽은 서리 밟아 희디희었고
쇠뿔은 햇빛 받아 붉디붉었네.
낙엽이 져서 새가 훤히 뵈는데
산골 집은 안개에 잠겨 있었네.

들판에 서리가 내렸다. 말은 서리를 밟아서 말굽이 뽀얗게 되었고 쇠뿔은 노을빛에 붉게 물들어버렸다. 나무는 잎새가 다 떨어져서 가지에 앉은 새가 고스란히 드러났는데, 산골 집은 안개에 잠겨 보일 듯 말 듯 하다. 흰색과 붉은색, 보이는 것과 보이지 않는 것이 대비되면서 알록달록 아름다운 풍경화가 따로 없다.

馬蹄霜踏白 牛角日迎紅 樹脫禽身露 山扉鎖霧中

이공무(李功懋)•, <途中>

—
이덕무의 아우이다.

마제상답백 우각일영홍
馬蹄霜踏白 牛角日迎紅
수탈금신로 산비쇄무중
樹脫禽身露 山扉鎖霧中

이공무(李功懋), <途中>

가을비
내리고 나면

거센 바람 부는 아침 자욱이 비 오더니
비단 같던 온 숲속을 절반쯤 비게 했네.
온 산에 가득했던 가을빛 싹 거두고서
남은 단풍 푸른 내로 함께 띄워 보내누나.

만추(晩秋)의 아침이다. 아침부터 바람이 세게 불더니 비가 내렸다. 그 비에 형형색색 숲속 단풍은 절반이나 떨어져버렸다. 가을이 겨울에게 자리를 넘겨주는 순간이다. 온 산에 가득했던 가을빛은 사라졌지만, 아직 남은 단풍은 푸른 시냇물을 타고 어디론가 흘러간다. 자연은 자신의 등장을 마치면 퇴장을 한다. 그렇게 세월은 흘러간다.

朝來風急雨濛濛 錦繡千林一半空 已作漫山秋色了 殘紅與泛碧溪中

최립(崔岦), <雨後>

| 조 | 래 | 풍 | 급 | 우 | 몽 | 몽 | | 금 | 수 | 천 | 림 | 일 | 반 | 공 |
朝 來 風 急 雨 濛 濛　錦 繡 千 林 一 半 空
| 이 | 작 | 만 | 산 | 추 | 색 | 료 | | 잔 | 홍 | 여 | 범 | 벽 | 계 | 중 |
已 作 漫 山 秋 色 了　殘 紅 與 泛 碧 溪 中

최립(崔岦), <雨後>

겨울에 길을 가다

해가 지자 북풍이 불어대서는
날이 추워 갈 길이 험난하구나.
흰 연기가 숲에서 피어오르니
산속 주막이 눈 속에 보이는구나.

저물녘에 바람까지 불어대니 추위는 더해만 간다. 가는 길이 너무 험해서 당장이라도 주저앉고 싶다. 그때에 얼어붙은 나무 사이로 연기가 피어오른다. 사막에서 오아시스를 만난 듯 반가운 마음이 든다. 조금만 더 걸어보자. 발에다 힘을 싣고 다시 걸음을 내딛는다. 삶의 길도 마찬가지다. 곧 죽을 것 같다가도 살아내면 거짓말처럼 희망이 찾아든다.

日暮朔風起 天寒行路難 白烟生凍樹 山店雪中看

윤계(尹堦), <途中>

3. 자연과 함께하는 지적이고 아름다운 삶

日暮朔風起 天寒行路難
일 모 삭 풍 기   천 한 행 로 난

白烟生凍樹 山店雪中看
백 연 생 동 수   산 점 설 중 간

윤계(尹堦), <途中>

새파랗게 추운 겨울

북한산은 창처럼 깎아지르고
남산은 소나무가 새까맣도다.
솔개 지나자 숲은 오싹하였고
학 울자 저 하늘은 새파랗도다.

한겨울 북한산은 초병의 뾰족한 창처럼 날카롭고 남산 소나무는 짱짱하게 시커멓다. 굶주린 솔개가 지나가니 숲은 겁먹은 병아리처럼 움츠러들고, 학이 울어대니 하늘은 새파랗게 질려서 금이 갈 것만 같다. 이렇게 하늘이나 땅이나 온통 얼어붙어 있었다.
춥다는 글자 하나 쓰지 않았지만, 어떤 추위보다 강렬하게 느껴진다.

北岳高戌削 南山松黑色 隼過林木肅 鶴鳴昊天碧
박지원(朴趾源), <極寒>

북악고술삭　남산송흑색
北岳高戌削　南山松黑色
준과림목숙　학명호천벽
隼過林木肅　鶴鳴昊天碧

박지원(朴趾源), <極寒>

눈 위에
이름을 새기다

눈빛이 종이보다 새하얗기에
채찍 들어 내 이름 써두고 가니,
바람아 불어와서 땅 쓸지 말고
주인이 올 때까지 기다려다오.

눈이 내리는데 갑작스레 친구가 보고파서 친구 집에 찾아갔다. 때마침 친구가 외출 중이다. 얼마나 기다렸을까? 눈이 소복이 쌓인 바닥에 내 이름 석 자를 적어본다. 바람에게 눈 위의 글자가 그대로 있게 해달라고 당부했지만, 아마도 금세 지워지리라. 어차피 내가 친구 보고 싶어 갔다가 허탕한 거니 친구가 내 방문 소식을 몰라도 아쉬울 건 없다. 기다리는 시간 동안 또한 즐거웠으니.

雪色白於紙 擧鞭書姓字 莫敎風掃地 好待主人至
이규보(李奎報), <雪中訪友人不遇>

설 색 백 어 지　거 편 서 성 자
雪色白於紙　擧鞭書姓字
막 교 풍 소 지　호 대 주 인 지
莫敎風掃地　好待主人至

이규보(李奎報), <雪中訪友人不遇>

4.
사랑의 설렘과 아픔

"날마다 숨 쉬는 순간마다 떠오르는 사람이었다. 마음 다잡고 바느질에 집중해보아도 눈물이 저도 모르게 흐른다. 자꾸만 서럽고 아프다."

눈 위의 발자국

사뿐사뿐 비단 버선 가볍게 지나가서
문으로 들어가니 가뭇없이 사라졌네.
오직 잔설에는 다정함 남았으니
담장 밑 남은 눈에 발자국 찍혀 있네.

아리따운 여인이 사뿐사뿐 가벼운 걸음으로 문으로 쏙 들어가 버렸다. 남은 것이라고는 문까지 이어졌던 눈 위에 발자국뿐이었다. 시인은 말 한번 못 붙이고 어떤 기약도 못했다. 아쉬움에 길 위에 한참을 서 있었다.
눈 위에 있던 발자국은 곧 속절없이 사라지겠지만, 마음에 남긴 그리움은 지워지지 않고 남을 터였다.

凌波羅襪去翩翩 一入重門便杳然 唯有多情殘雪在 屐痕留印短墻邊

강세황(姜世晃), <路上有見>

능 파 라 말 거 편 편　　일 입 중 문 편 묘 연
凌波羅襪去翩翩　一入重門便杳然
유 유 다 정 잔 설 재　　극 흔 류 인 단 장 변
唯有多情殘雪在　屐痕留印短墻邊

강세황(姜世晃), <路上有見>

한 땀마다
눈물이 난다

봄날이 차가워서 겨울옷 깁는데
비단 창에 햇빛이 비치고 있네.
고개 숙이니 손이 가는 데마다
구슬 눈물이 실과 바늘 적시네.

열여덟 이매창은 사십 중반의 유희경과 만났다. 서녀 출신의 기생 시인과 천민 출신이지만 당대 최고의 시인은 나이와 신분을 모두 잊고 사랑에 빠졌다.
이 시는 이매창의 유희경에 대한 그리움을 담고 있다. 그녀에게 유희경은 날마다 숨 쉬는 순간마다 떠오르는 사람이었다. 마음 다잡고 바느질에 집중해보아도 눈물이 저도 모르게 흐른다. 자꾸만 서럽고 아프다.

春冷補寒衣 紗窓日照時 低頭信手處 珠淚滴針絲
이매창(李梅窓), <自恨>

春冷補寒衣 紗窓日照時
춘 랭 보 한 의   사 창 일 조 시
低頭信手處 珠淚滴針絲
저 두 신 수 처   주 루 적 침 사

이매창(李梅窓), <自恨>

눈썹을
부질없이 그려보네

오신다 약속하고 왜 늦으시나,
뜰에 매화도 지려 하는 이때에.
갑자기 까치 소리 들려오기에
헛되이 거울 보며 눈썹 그리네.

봄이 되면 꼭 오마 하던 임은 매화가 지는데도 소식이 없다. 마음을 접어야 하는 게 아닌지 할 때 까치 소리가 들렸다. 까치가 울면 반가운 손님이 온다고 했으니 혹시 내 임이 오신다는 기쁜 징조일까. 거울을 꺼내 헛되이 눈썹을 정성껏 그려본다. '헛되이'라는 말이 몹시 서글프다. 자신도 임이 오지 않을 것을 누구보다 잘 알고 있었다.

有約來何晩 庭梅欲謝時 忽聞枝上鵲 虛畵鏡中眉

이옥봉(李玉峯), <閨情>

有約來何晩 庭梅欲謝時
忽聞枝上鵲 虛畵鏡中眉

이옥봉(李玉峯), <閨情>

나물 캐는 여인

허리에 바구니 낀 어여쁜 여인네는
구름 같은 나물 캘 때 고운 손 드러냈네.
길손 보자 갑작스레 웃음 띠고 달아나서
급히 몸 숨기려고 목부용으로 향하였네.

우연히 산을 가다가 나물 캐는 여인을 보았다. 아리따운 여인은 바구니를 허리춤에 끼었는데 나물 구름을 헤치며 채취하는 가녀리고 하얀 손이 인상적이었다. 그녀는 자신과 눈이 마주친 길손이 싫지는 않았던지 웃음을 띠었다가 이내 부끄러워하며 부용꽃 속에 몸을 숨겼다.
부용꽃 속에 숨은 여자와 그를 지켜보는 남자의 미묘한 감정과 설렘이 눈앞에 그린 듯 사랑스런 시이다.

腰帶筠籃色丰茸 披雲采采露纖蔥 見客忽然含笑走 藏身急向木芙蓉
윤기(尹愭), <山行 記所見菜女>

요	대	균	람	색	봉	용	피	운	채	채	로	섬	총

腰帶筠籃色丰茸 披雲采采露纖蔥

견	객	홀	연	함	소	주	장	신	급	향	목	부	용

見客忽然含笑走 藏身急向木芙蓉

윤기(尹愭), <山行 記所見菜女>

수놓인 꽃신 코

그네가 하늘 가르며 허공에 솟구치니
바람 든 두 소매가 당긴 활과 똑 닮았네.
더 높이 오르려다 치마자락 터져서는
수놓은 꽃신 코가 드러난 줄 몰랐네.

그네가 허공에 솟구치니 양 소매에 바람이 가득 차서 당겨놓은 활처럼 둥그렇다. 그렇게 더 높이 오르려다 치맛자락이 터지고 꽃신이 나란히 드러났다. 색실로 수놓은 꽃신 코가 수줍은 듯 붉다. 그네는 밖으로 나가려는 원심력과 안으로 돌아오려는 구심력이 교차한다. 그래서인지 그네가 하늘로 솟구칠 때마다 보여주고 싶은 마음과 보여줄 수 없는 부끄러움이 묘하게 엇갈린다.

劈去鞦韆一頓空 飽風雙袖似彎弓 爭高不覺裙中綻 併出鞋頭繡眼紅

박제가(朴齊家), <春詞>

| 벽 | 거 | 추 | 천 | 일 | 돈 | 공 | | 포 | 풍 | 쌍 | 수 | 사 | 만 | 궁 |
劈去鞦韆一頓空　飽風雙袖似彎弓
| 쟁 | 고 | 불 | 각 | 군 | 중 | 탄 | | 병 | 출 | 혜 | 두 | 수 | 안 | 홍 |
爭高不覺裙中綻　併出鞋頭繡眼紅

박제가(朴齊家), <春詞>

**누가 진짜
예쁜 꽃인가**

연꽃이 피어나서 못이 온통 붉은데
사람들 연꽃이 나보다 낫다 하더니만,
아침에 내가 제방 위를 지나가면
어찌하여 사람들 연꽃을 안 보시나.

연못은 온통 붉은색 연꽃 천지다. 사람들은 연꽃을 보며 예쁘다 하다가도 내가 지나가면 연꽃은 보지 않고 나만 쳐다보았다. 자신의 미모에 대한 자부심을 이렇게 재미나게 표현하다니. 이 시를 지은 김운초(金雲楚)의 호가 마침 부용(芙蓉)이니, 연꽃 간에 미모 대결을 벌인 셈이다.

芙蓉花發滿池紅 人道芙蓉勝妾容 朝日妾從堤上過 如何人不看芙蓉
김운초(金雲楚), <戲題>

芙蓉花發滿池紅 人道芙蓉勝妾容
朝日妾從堤上過 如何人不看芙蓉

김운초(金雲楚), <戲題>

빗속의 꽃과
바람 속 버들솜

저는 빗속에 있는 꽃과 같고요
당신은 바람 속 버들솜 같아요.
꽃은 어여뻐도 시들기 쉬운데
버들솜 날아서는 어데 가나요.

비에 젖은 꽃은 떨어질 일만 남았고 바람에 날리는 버들솜은 이리저리 정처 없다. 나는 꽃처럼 잠시 예쁘다 시들기 쉬운데 당신은 버들솜처럼 이곳저곳 기웃대며 한눈을 판다. 당신을 향한 내 마음은 한결같은데 날 향한 당신의 마음은 갈팡질팡한다. 당신을 잡아둘 방법이 없어 야속하고 내 청춘이 이렇게 지는 것도 서럽다.

妾似雨中花 郎如風後絮 花好亦易衰 絮飛歸何處

이수광(李睟光), <古意>

妾似雨中花 郎如風後絮
花好亦易衰 絮飛歸何處

이수광(李睟光), <古意>

남편과 아내의
한판 승부

당신은 술집에서 왔다 하지만
내 생각엔 색싯집에서 온 것 같아요.
아니라면 어째서 속적삼 위에
연지가 꽃 모양으로 찍혀 있나요?

남편은 술이 떡이 되어 돌아왔다. 아내가 어디서 먹었냐고 따지자, 평범한 술집에서 한잔 걸쳤다고 어설픈 변명을 한다. 아내는 색싯집에 갔다 온 것이라 의심하며 남편 속옷에 묻은 연지 자국을 추궁한다. 아내의 촉은 무섭다. 이놈 딱 걸렸다!

歡言自家酒 儂言自娼家 如何汗衫上 臙脂染作花
이옥(李鈺), <艶調>

歡言自家酒 儂言自娼家
如何汗衫上 臙脂染作花

이옥(李鈺), <艶調>

서글픈 이별

새벽 등불 다 지워진 화장을 비추는데
이별을 말하자니 먼저 애가 끊어지네.
달빛이 비추는 뜰로 문 밀고 나와 보니
살구꽃 성긴 그림자 옷자락에 가득하네.

양주의 객관에서 하루를 보낸 기녀와 이별을 한다. 새벽녘 등불 앞에 두 사람은 마주해 있었다. 여자의 화장은 반쯤 지워져 있고, 남자는 이별의 말을 어렵게 전한다. 남자는 터져나오려는 울음을 간신히 참으며 뜰로 나온다. 지는 달빛에 성긴 살구꽃 그림자가 옷자락에 내려앉는다. 가지 말라고 붙잡는 손길만 같다.

五更燈影照殘粧 欲話別離先斷腸 落月半庭推戶出 杏花疎影滿衣裳
정포(鄭誧), <題梁州客舍壁>

| 오 | 경 | 등 | 영 | 조 | 잔 | 장 | | 욕 | 화 | 별 | 리 | 선 | 단 | 장 |
| 五 | 更 | 燈 | 影 | 照 | 殘 | 粧 | | 欲 | 話 | 別 | 離 | 先 | 斷 | 腸 |

| 낙 | 월 | 반 | 정 | 추 | 호 | 출 | | 행 | 화 | 소 | 영 | 만 | 의 | 상 |
| 落 | 月 | 半 | 庭 | 推 | 戶 | 出 | | 杏 | 花 | 疎 | 影 | 滿 | 衣 | 裳 |

정포(鄭誧), <題梁州客舍壁>

설렘과
수줍음

푸른 치마 입은 여인, 목화밭 나왔다가
나그네 보고서는 길가로 돌아섰네.
흰 개가 누런 개를 멀찍이 따라갔다,
짝 지어 주인 앞에 다시금 달려오네.

목화 따던 여자가 목화밭에서 나오다가 낯선 나그네를 만났다. 예기치 않은 조우다. 여자가 놀랐는지 몸을 틀어 길가에 바짝 붙어 섰다. 남자는 설렜고 여자는 수줍었다. 이와는 대조적인 풍경도 그렸다. 백구는 황구를 따라갔다가 짝이 되어 돌아왔다. 자신에게 한 수 배우라는 듯 의기양양하다. 푸르고, 하얗고, 노란의 색채감이 시에 생동감을 더해주고 있다.

靑裙女出木花田 見客回身立路邊 白犬遠隨黃犬去 雙還更走主人前
신광수(申光洙), <峽口所見>

청 군 녀 출 목 화 전　　견 객 회 신 립 로 변
靑裙女出木花田　見客回身立路邊
백 견 원 수 황 견 거　　쌍 환 갱 주 주 인 전
白犬遠隨黃犬去　雙還更走主人前

신광수(申光洙), <峽口所見>

아가씨의
속마음

아가씨는 나보다 나이가 열네 살 많고
그네 타는 재주가 날쌘 제비 같지마는
창밖에 서서 감히 큰 소리 못 내고서
감잎에 몇 자 써서 편지 삼아 던져보네.

이 시는 올케가 시누이에 대해 쓴 것이다. 시누이는 그네 타는 재주가 좋아 제비같이 훨훨 나니 예사가 아니다. 시누이의 당찬 성격을 보여준다. 그런데 마음에 드는 남자 앞에서는 말 한 번 못 걸고 감잎에 쓴 편지를 부끄럽게 전해본다. 춘정이 무르익었을 시누이의 그네를 타고 저 담 너머로 비상하고픈 대담한 욕구와 창문 밖에서조차 수줍어하는 속마음이 절묘하게 어우러졌다.

小姑十四大於余 學得秋千飛鷰如 隔窓未敢高聲語 柿葉題投數字書
황오(黃五), <秋千>

소 고 십 사 대 어 여   학 득 추 천 비 연 여
小姑十四大於余 學得秋千飛鷰如
격 창 미 감 고 성 어   시 엽 제 투 수 자 서
隔窓未敢高聲語 柿葉題投數字書

황오(黃五), <秋千>

야속한 중매쟁이

어찌 인물이 남보다 빠진다 하랴.
바느질도 잘하고 길쌈도 잘하지만
어려서부터 가난한 집에서 자라
중매쟁이는 나를 몰라준다네.

얼굴도 예쁘고 솜씨도 있었다. 하지만 가난한 집 딸이라 좋은 중매쟁이는 나를 모르고, 나도 그를 알 길이 없다. 안타까운 마음을 그저 시로 달래본다.

豈是乏容色 工鍼復工織 少小長寒門 良媒不相識
허초희(許楚姬)*, <貧女吟>

—
허초희의 호는 난설헌(蘭雪軒)이다.

기 시 핍 용 색　　공 침 복 공 직
豈是乏容色　工鍼復工織
소 소 장 한 문　양 매 불 상 식
少小長寒門　良媒不相識

허초희(許楚姬), <貧女吟>

죽어도 좋아

살아서 이별하면 살아서 무엇하고
죽어서 함께하면 죽어도 좋으리라.
누가 임 만난 날에 긴 밤 짧게 하고
도리어 이별 뒤에 짧은 밤 길게 했네.

내 임과 이별한다면 살아도 산 것이 아니고 내 임과 함께할 수만 있다면 죽음도 마다할 이유가 없다. 어디 그뿐인가? 임을 만나면 긴 밤이 짧기만 한데, 임과 헤어져 있으면 짧은 밤도 길기만 하다. 이렇게 좋은 내 임과 어떻게 떨어져 지낼 수 있을까? 내 임과 영원히 헤어지지 않고서 함께하고 싶다는 강렬한 다짐을 시인은 시로 옮겼다.

生當有別生何益 死亦相從死不妨 誰使逢場長夜短 還能別後短宵長

진섬(眞蟾), <絶句>

^생生 ^당當 ^유有 ^별別 ^생生 ^하何 ^익益 ^사死 ^역亦 ^상相 ^종從 ^사死 ^부不 ^방妨
^수誰 ^사使 ^봉逢 ^장場 ^장長 ^야夜 ^단短 ^환還 ^능能 ^별別 ^후後 ^단短 ^소宵 ^장長

진섬(眞蟾), <絶句>

꿈에서 만나다

그리워 만날 길은 꿈길밖에 없는데
내가 임 찾아갈 제 임도 날 찾아오니,
바라건대 아마득한 다른 밤 꿈에서는
같은 때 길을 떠나 도중에 만나기를.

누군가 간절히 그리워하지 않고서는 쓸 수 없는 애절한 연시(戀詩)다. 꿈에서밖에 만날 수 없는데, 자신이 꿈에서 임을 찾아갈 적에 임도 꿈에서 날을 찾아왔는지 길이 엇갈려 만날 수 없었다. 그래서 아마득한 다른 밤 꿈에서는 같은 때 서로 길을 떠나 도중에 만나자고 했다. 꿈속밖에 만날 수 있는 곳이 없건만 꿈에서도 만나지 못하고 깨어나니 다시 꿈에 기대어 만나기를 바랐다.

相思相見只憑夢 儂訪歡時歡訪儂 願使遙遙他夜夢 一時同作路中逢
황진이(黃眞伊), <夢>

^상相 ^사思 ^상相 ^견見 ^지只 ^빙憑 ^몽夢　^농儂 ^방訪 ^환歡 ^시時 ^환歡 ^방訪 ^농儂
^원願 ^사使 ^요遙 ^요遙 ^타他 ^야夜 ^몽夢　^일一 ^시時 ^동同 ^작作 ^로路 ^중中 ^봉逢

황진이(黃眞伊), <夢>

새벽녘
여인의 짧은 꿈

객사 동쪽 새벽닭은 울음을 안 그치고
샛별은 달과 함께 하늘에 반짝이네.
말굽 소리, 갓 그림자 아스라한 들판에
여인의 짧은 꿈을 밟으며 지나가네.

하룻밤 사랑을 나누고 새벽에 길을 떠나는 이를 시로 옮겼다. 새벽녘 여인의 짧은 꿈은 풋사랑을 짐작케 한다. 그를 밟고 지나가는 잔인한 말굽 소리가 다각다각 들리는 듯하다. 허투루 했을 법한 약속을 저버리고 그렇게 떠났다.

不已霜鷄郡舍東 殘星配月耿垂空 蹄聲笠影朦朧野 行踏閨人片夢中●
이덕무(李德懋), <曉發延安>

—

여인[閨人]이 누구인지 단정할 수 없다. 고향 땅에 있을 아내일 수도 있지만, 여기서는 낯선 땅에서 하룻밤을 함께 보낸 여인으로 보았다.

불	이	상	계	군	사	동		잔	성	배	월	경	수	공
不	已	霜	鷄	郡	舍	東		殘	星	配	月	耿	垂	空
제	성	입	영	몽	롱	야		행	답	규	인	편	몽	중
蹄	聲	笠	影	矇	矓	野		行	踏	閨	人	片	夢	中

이덕무(李德懋), <曉發延安>

널 볼 수가 없어서

해마다 보지 못해 오래도록 못 보나니
날마다 그리워서 그리움 깊어지네.
오래 그리던 임 오래 볼 수 있다면
세상에 이별 있다고 유감이 있으리까.

오랫동안 못 보니 그리움이 켜켜이 쌓였다. 오래 그리웠어도 오래 볼 수 있다면 마음 아플 일이 무에 있겠는가. 헤어짐은 길고 만남은 짧아서 그리움이 풀리지 않는 갈증으로 남았다. 시인이 이렇게 애타게 보고픈 사람은 누구였을까?
《종남총지》에서는 이 시를 "광대들이 장난조로 떠드는 넋두리"라 하면서 양사언의 시가 아닐 것이라 했다. 아마도 감정이 너무 직설적으로 표현됐기 때문으로 보인다.

不見年年長不見 相思日日重相思 長相思處長相見 何恨人間有別離
양사언(楊士彦), <不見>

不見年年長不見 相思日日重相思
長相思處長相見 何恨人間有別離

양사언(楊士彦), <不見>

돌길이
모래가 되었다

요즈음 당신 안부가 어떤지 묻습니다.
달빛이 창에 비치니 슬픔이 많답니다.
꿈에서 혼이 간 길에 자취를 남겼다면
문 앞에 돌길 절반이 모래가 됐을 테죠.

시인이 남편에 대한 그리운 마음을 시에 담았다. 당신은 어찌 지낼지 모르겠지만 나는 슬픔에서 헤어나오지 못하고 있다. 그래도 꿈속에서는 늘 당신을 만날 수 있다. 꿈에서 얼마나 자주 오갔는지 문 앞 돌길은 내 발자국에 다 닳아서 절반이 모래가 되어버렸다.

近來安否問如何 月到紗窓妾恨多 若使夢魂行有跡 門前石路半成沙

이옥봉(李玉峯), <夢魂>

| 근래 | 안부 | 문 | 여하 | 월 | 도 | 사 | 창 | 첩 | 한 | 다 |
近來安否問如何 月到紗窓妾恨多
| 약 | 사 | 몽 | 혼 | 행 | 유 | 적 | 문 | 전 | 석 | 로 | 반 | 성 | 사 |
若使夢魂行有跡 門前石路半成沙

이옥봉(李玉峯), <夢魂>

거울

제게 마름꽃 무늬 거울 있는데
임이 처음 주실 때 생각납니다.
임은 가고 거울만 남아 있으니
다시 얼굴 비춰보지 않으렵니다.

여인이 가진 거울은 능화경(菱花鏡)이다. 능화는 다른 말로 마름꽃이며 능화경은 부부의 만남을 상징한다. 여인은 남자에게 처음 거울을 받았을 때를 잊을 수 없다. 그때는 얼마나 애틋하였나. 이제 남자가 떠났으니 거울은 아무런 소용이 없게 되었다. 누구를 위해 얼굴을 꾸미겠는가? 그래서 거울은 저기 던져놓았다. 임은 날 버렸고 나는 거울을 버렸다.

妾有菱花鏡 憶君初贈時 君歸鏡空在 不復照蛾眉

최기남(崔奇男), <怨詞>

첩 유 릉 화 경　　억 군 초 증 시
妾有菱花鏡　憶君初贈時
군 귀 경 공 재　　불 부 조 아 미
君歸鏡空在　不復照蛾眉

최기남(崔奇男), <怨詞>

발자국과
그림자

달빛 아래 그림자는 사랑하지만
눈 속의 발자국을 싫어하는 건,
발자국은 돌아보면 안 따라와도
그림자는 내 몸을 따라와서죠.

달빛 아래 홀로 걷노라면 그림자는 언제나 날 따라온다. 하지만 눈밭을 걷노라면 발자국은 금세 바람이나 눈에 사라진다. 사랑하는 내 님아, 어느 때나 어느 곳에서나 나와 함께 있자. 차갑게 식어서 이전에 날 사랑했던지 의심이 들지 않도록 그림자처럼 날 따라다니고 발자국처럼 뚝 끊기지 말아다오.

步月憐吾影 踏雪嫌吾跡 跡回頭已陳 影隨身所適

최인상(崔麟祥), <曉月踏雪 出南郊>

_{보 월 련 오 영} _{답 설 혐 오 적}
步月憐吾影 踏雪嫌吾跡
_{적 회 두 이 진} _{영 수 신 소 적}
跡回頭已陳 影隨身所適

최인상(崔麟祥), <曉月踏雪 出南郊>

5. 복잡하고 어려운 세상살이

영화 〈달콤한 인생〉에서 황정민은 "인생은 고통이야. 몰랐어?"라고 한다. 산다는 것은 고통의 연속일지도 모른다. 그런 고통을 어른스럽게 견뎌낼 수 있어야 한다. 그렇게 시간이 흐르고 우리는 어른이 되어간다.

괴롭다
괴롭다
괴롭다

괴롭다 괴롭다 괴롭다.
베틀 위에서 괴롭고
밭에서 괴로우며
부엌에서 괴로우니
온종일
어느 땐들 안 괴로우리.

영화 〈달콤한 인생〉에서 황정민은 "인생은 고통이야. 몰랐어?"라고 한다. 산다는 것은 고통의 연속일지도 모른다. 그런 고통을 어른스럽게 견뎌낼 수 있어야 한다. 그렇게 시간이 흐르고 우리는 어른이 되어간다.

苦苦苦 機上苦 田中苦 廚下苦 十二時 何時不苦
이안중(李安中), 〈苦苦苦〉

$\underset{고}{苦}\underset{고}{苦}\underset{고}{苦}\ \underset{기}{機}\underset{상}{上}\underset{고}{苦}$

$\underset{전}{田}\underset{중}{中}\underset{고}{苦}\ \underset{주}{廚}\underset{하}{下}\underset{고}{苦}$

$\underset{십}{十}\underset{이}{二}\underset{시}{時}\ \underset{하}{何}\underset{시}{時}\underset{불}{不}\underset{고}{苦}$

이안중(李安中), <苦苦苦>

아기가 우는 이유

멋대로 행동하고 점잔도 내던지니
이름 숨겨 살다 술집에서 죽기에 알맞네.
그대는 아는가, 아이 나서 우는 울음이
한번 세상에 떨어져서 만 가지 수심하는 것임을.

자유분방하게 행동하며 점잔도 빼지 않았다. 그러니 이름을 감추고 술집을 전전하다 죽기에 딱 알맞다. 아기는 세상에 태어나 어째서 울어댈까? "이제부터 고생길 시작이다." 하며 만 가지 근심이 밀려와서 운다고 했다. 시인은 계속 통곡하고 있었던 것은 아닐까? 그저 온갖 수심에 울다가 술 마시고 그렇게 한철을 살아냈다.

疏狂見矣謹嚴休 只合藏名死酒樓 兒生便哭君知否 一落人間萬種愁
정지윤(鄭芝潤), <無題>

| 소 광 견 의 근 엄 휴 　 지 합 장 명 사 주 루 |
| 疏 狂 見 矣 謹 嚴 休 　 只 合 藏 名 死 酒 樓 |
| 아 생 변 곡 군 지 부 　 일 락 인 간 만 종 수 |
| 兒 生 便 哭 君 知 否 　 一 落 人 間 萬 種 愁 |

정지윤(鄭芝潤), <無題>

처신의 어려움

말 꺼내면 잡놈의 무리라 하고
입 닫으면 멍청이라 여기는구나.
부귀하면 반드시 시기당하고
가난하고 야윈 이 비웃는구나.
아! 이 같은 세상에서
어떻게 이 한 몸뚱이 처신해야 하는가?

이 시는 세상살이의 어려움을 말하고 있다. 따박따박 말을 하면 함부로 잡놈이라 하고 묵묵부답하면 바보 취급한다. 부귀하면 시기와 질투가 따르고 가난하면 손가락질하며 우습게 본다. 그러니 남한테 관대함을 기대해서는 곤란하다.

言則謂雜類 不言以爲愚 富貴必見猜 亦笑貧而癯
嗟乎似此天下 何以處此一箇軀

김양근(金養根), <東調>

언 즉 위 잡 류　　불 언 이 위 우
言則謂雜類 不言以爲愚
부 귀 필 견 시　　역 소 빈 이 구
富貴必見猜 亦笑貧而癯
차 호 사 차 천 하　　하 이 처 차 일 개 구
嗟乎似此天下 何以處此一箇軀

김양근(金養根), <東調>

누구를
비웃을 것인가?

많은 사람 한자리서 쿨쿨 코 골고
부자 되고 잘나지길 꿈꾸면서도
사람들, 그대 하는 짓을 들으면
되레 남과 다르다 비난하겠지.

정란(鄭瀾)은 조선시대의 유명한 여행가이다. 백두산에서 한라산까지, 대동강에서 금강산까지 종횡으로 누비었다. 이 시는 이용휴가 정란에 대해 쓴 것이다. 사람들은 부귀, 명예, 성공이라는 똑같은 꿈만 꾼다. 훌훌 떠나지 못하고 그저 똑같은 일상을 반복한다. 떠나지 못한 사람이 한심한가? 떠나는 사람이 한심한가?

萬枕同齁齁 方作富貴夢 乃聞君所爲 反譏異於衆

이용휴(李用休), <送鄭大夫瀾尋白頭山因遍遊域內諸名山>

萬^만枕^침同^동齁^후齁^후 方^방作^작富^부貴^귀夢^몽
乃^내聞^문君^군所^소爲^위 反^반譏^기異^이於^어衆^중

이용휴(李用休),
<送鄭大夫瀾尋 白頭山因遍遊域內諸名山>

신관이나 구관이나
똑같이 어질었다

거사비 세운다고 함부로 돈 거둬가니
백성들 유랑함은 그 누가 시켰던가.
빗돌은 말도 없이 큰길 막고 서 있는데
신관은 어찌 그리 구관 닮아 어질던지.

거사비(去思碑)는 고을을 잘 다스린 지방관의 공덕을 기리기 위해 주민들이 세운 비석이다. 거사비의 취지는 원래는 참으로 아름다웠다. 하지만 거사비 세운다고 마구 돈을 뜯어가자 백성들은 제 살던 곳을 떠나 떠돌게 되었다. 빗돌에는 한결같이 어질었다고 쓰여 있지만 실제는 이와 달랐다. 새로 부임한 관리는 이제 떠나는 관리를 닮아 어질다며, 암담한 세태를 풍자하고 있다.

去思橫斂刻碑錢 編戶流亡孰使然 片石無言當路立 新官何似舊官賢
이상적(李尙迪), <題路傍去思碑>

^거去 ^사思 ^횡橫 ^렴斂 ^각刻 ^비碑 ^전錢 ^편編 ^호戶 ^류流 ^망亡 ^숙孰 ^사使 ^연然
^편片 ^석石 ^무無 ^언言 ^당當 ^로路 ^립立 ^신新 ^관官 ^하何 ^사似 ^구舊 ^관官 ^현賢

이상적(李尙迪), <題路傍去思碑>

언젠가 말하리라

벙어리에 귀먹은 지 오래지만
여전히 두 눈만은 그대로이네.
어지럽고 어수선한 세상일들은
볼 수는 있지만 말할 순 없네.

벙어리처럼, 귀머거리처럼 처신한 지 오래됐으나 두 눈은 뜨고 있으니 옳다 그르다 판단할 수 있다. 그렇다고 지금 당장 복잡하고 미묘한 세상일에 대해 함부로 말을 할 수는 없다. 시인은 지금은 말할 수 없지만, 두 눈으로 똑똑히 본 일들을 언젠가 당당히 말하겠다는 다짐을 하고 있다.

口耳聾啞久 猶餘兩眼存 紛紛世上事 能見不能言
박수량(朴遂良), <浪吟>

_구口 _이耳 _농聾 _아啞 _구久 _유猶 _여餘 _량兩 _안眼 _존存
_분紛 _분紛 _세世 _상上 _사事 _능能 _견見 _불不 _능能 _언言

박수량(朴遂良), <浪吟>

난리 뒤에 필운대에서
봄 경치를 보다

꽃피울 나무 없는 황량한 성곽에는
저물녘 봄바람에 까마귀만 내려앉네.
옛 궁궐 가는 길엔 냉이가 파릇하고
봄 오니 늙은 농부 금비녀 줍는다네.

유득공은 《경도잡지》에서 한양의 명승지 중 하나로 필운대를 꼽았다. 그러나 병화(兵禍)가 휩쓸고 간 필운대는 나무 하나 성한 것이 없을 지경이다. 을씨년스럽기 짝이 없다. 그래도 길가에 자라난 냉이가 새로운 시작을 알려주는 듯하다.
열심히 밭을 갈던 늙은 농부가 금비녀를 주웠다. 피난길에 떨어뜨린 여인의 것이리라. 땅속 깊이 숨겨져 있는 상처는 때로 이렇게 예고 없이 모습을 드러내곤 한다. 하지만 그 상처는 농부의 손을 거쳐 아름다운 새 봄을 맞을 것이다.

荒城無樹可花開 唯有東風落暮鴉 薺苨靑靑故宮路 春來耕叟得金叉
이호민(李好閔), <亂後弼雲春望>

_황_성_무_수_가_화_개　_유_유_동_풍_락_모_아
荒城無樹可花開　唯有東風落暮鴉
_제_니_청_청_고_궁_로　_춘_래_경_수_득_금_차
薺苨靑靑故宮路　春來耕叟得金叉

이호민(李好閔), <亂後弼雲春望>

이름 없는
무수한 풀들

풀은 본래 심었던 것이 아니고
봄바람에 저절로 돋아난 거네.
오직 빛깔과 향기 다를 뿐이고
무수하게 많은데 이름도 없네.

풀은 알아서 스스로 자라난다. 하나하나 빛깔도 향기도 제각각이다. 이루 다 셀 수 없이 많지만 이름조차 없다. 이름이 없다고 해서 존재가 없는 것은 아니다.

영화 <앙: 단팥 인생 이야기>에 인상적인 대사가 나온다. "우리는 이 세상을 보기 위해서, 세상을 듣기 위해서 태어났어. 그러므로 특별한 무언가가 되지 못해도, 우리는, 우리 각자는 살아갈 의미가 있는 존재야."

庭草本非種 春風自發生 惟有色香別 無數亦無名

이수익(李受益), <庭草>

정 초 본 비 종　　춘 풍 자 발 생
庭草本非種　春風自發生
유 유 색 향 별　　무 수 역 무 명
惟有色香別　無數亦無名

이수익(李受益), <庭草>

내 마음
누가 알아주리

죽도록 산에 밭을 갈고 난 뒤에
나무에 매여 외로이 울어대누나.
무슨 수로 개갈로 만나게 되면
너의 마음속 말을 하소연하랴.

소가 음매음매 울어대는데 사람들은 무슨 말을 하는지 알 턱이 없다. 혹여 소의 말을 잘 이해하는 개갈로를 만나게 되면, 무엇이 속상한지 시원하게 말하지 않을까?
시인은 소에 빗대어 마음속에 슬픔이 넘쳐나지만 아무도 들어주려 하지 않는다는 절망감을 말하고 있다.

盡力山田後 孤鳴野樹根 何由逢介葛* 道汝腹中言
정내교(鄭來僑), <老牛>

—

개갈(介葛)은 춘추시대 개국(介國)의 '개', 임금 이름인 갈로(葛盧)의 '갈'을 따서 축약한 표현이다.

盡力山田後 孤鳴野樹根
하유봉개갈 도여복중언
何由逢介葛 道汝腹中言

정내교(鄭來僑), <老牛>

제비야
시비하지 말아다오

"온갖 일 부질없다" 한번 웃고 넘기고서
봄비 속 초당에서 사립문 닫았는데
얄밉네, 주렴 밖에 강남 갔던 제비는
한가한 사람에게 시비是非를 말하다니.

이러쿵저러쿵 옳다 그르다 따질 필요가 없다. 한번 웃어버리고 "그럴 수도 있지." 하면 그뿐이다.
봄비는 살포시 내리고 초당 사립문을 닫아걸었다. 닫아걸은 건 문이 아니라 세상의 시비(是非)가 범접하지 않도록 하는 마음가짐이리라. 그런데 강남에서 막 돌아온 제비는 지지배배 울어댄다. 그 소리가 마치 시시비비(是是非非)하는 것 같다. 다시 한 번 의지를 다잡는다.

萬事悠悠一笑揮 草堂春雨掩松扉 生憎簾外新歸燕 似向閑人說是非
이식(李植), <咏新燕>

^{만 사 유 유 일 소 휘}
^{초 당 춘 우 엄 송 비}
萬事悠悠一笑揮 草堂春雨掩松扉
^{생 증 렴 외 신 귀 연}
^{사 향 한 인 설 시 비}
生憎簾外新歸燕 似向閑人說是非

이식(李植), <詠新燕>

옳고 그름에 대해서

옳고 그름은 사람이 만든 것이니
옳음 그름을 분간키 어려웁다네.
옳다 해도 옳은 것 되지 못하고
그르다 해도 그른 것 되지 못하네.
옳고 그름이 바로 이와 같으니
내 어찌 옳고 그름을 따지겠는가.

옳고 그름의 판단은 사람이 하는 것이다. 사람들은 각자 자기가 믿는 것은 옳다 생각하고 자기와 다른 것은 그르다 생각한다. 사람이 자연의 옳고 그름을 판단할 수 없듯 나의 잣대로 남의 옳고 그름을 따짐을 경계해야 한다.

是非人所爲 難分是與非 爲是不爲是 爲非不爲非 是非正如此 吾何爲是非
안방준(安邦俊), <是非吟>

시비인소위 난분시여비
是非人所爲 難分是與非

위시불위시 위비불위비
爲是不爲是 爲非不爲非

시비정여차 오하위시비
是非正如此 吾何爲是非

안방준(安邦俊), <是非吟>

쓸쓸한 부귀영화

문 앞의 수레와 말, 연기처럼 흩어지니
재상의 부귀영화 백 년을 못 가누나.
깊은 골목 쓸쓸하고 한식寒食이 지나가니
수유꽃만 옛 담장에 노랗게 피었구나.

대단한 권세를 누렸던 재상의 집이 백 년도 못 되어 썰렁하게 되고 말았다. 담장 아래에는 모든 것이 허망하다는 사실을 알고 있는 수유꽃만 노랗게 피어 있다. 재상의 집과 수유꽃의 대비를 통해 세상은 영원히 지속되지만 권력은 한시적이라는 사실을 말해준다.

門前車馬散如烟 相國繁華未百年 深巷寥寥過寒食 茱萸花發古墻邊
최경창(崔慶昌), <大隱巖>

_문　_전　_거　_마　_산　_여　_연　　_상　_국　_번　_화　_미　_백　_년
門前車馬散如烟　相國繁華未百年
_심　_항　_요　_요　_과　_한　_식　　_수　_유　_화　_발　_고　_장　_변
深巷寥寥過寒食　茱萸花發古墻邊

최경창(崔慶昌), <大隱巖>

농부와 음식

농부가 논 가운데 서 있는데
진흙 속에 두 발이 빠져 있으니,
귀인으로 하여금 보게 한다면
어찌 잘 차린 음식 달게 먹으리.

논 가운데 농부가 서 있는데 진흙에 두 발이 푹 빠져 있었다. 농사를 짓느라 고생이 이만저만이 아니다. 누구든 이 모습을 본다면, 아무 생각 없이 진수성찬을 먹을 수는 없을 것이다. 음식에 담긴 농부들의 피와 땀 때문이다.

사람의 수준은 타인의 고통에 공감하는 능력에 달려 있다. 같이 아파할 수 있을 정도는 아니어도 외면하거나 조소하지는 말아야 한다.

農夫立田中 泥土沒兩足 若使貴人見 詎甘方丈食
박윤원(朴胤源), <農夫>

농	부	립	전	중	니	토	몰	량	족
農	夫	立	田	中	泥	土	沒	兩	足

약	사	귀	인	견	거	감	방	장	식
若	使	貴	人	見	詎	甘	方	丈	食

박윤원(朴胤源), <農夫>

부부의
퇴근길

저물녘 되어서야 일 겨우 끝마치고
앞서거니 뒤서거니 호미 메고 돌아오네.
삽살개, 푸른 개가 함께 꼬리 흔들면서
어스름에 성근 울에서 부부를 맞아주네.

새벽부터 시작한 일을 부부는 해 질 녘에 겨우 마치고 일에서 놓여났다. 호미를 챙겨 들고 앞서거니 뒤서거니 집으로 돌아왔다. 그렇게 집 가까이 오니 개 두 마리가 뛰쳐나와 꼬리를 흔들어대며 부부를 맞아준다. 오늘도 고된 하루를 보냈지만, 돌아올 집이 있고 맞아줄 이 있어서 행복하였다.

事到黃昏始放閒 男前婦後荷鋤還 白尨蒼犬齊搖尾 迎在疎籬暝色間
이미(李瀰), <村家雜詠>

사 도 황 혼 시 방 한
事到黃昏始放閒

남 전 부 후 하 서 환
男前婦後荷鋤還

백 방 창 견 제 요 미
白尨蒼犬齊搖尾

영 재 소 리 명 색 간
迎在疎籬暝色間

이미(李瀰), <村家雜詠>

무엇 때문에 바쁜가?

길 위에 행인들이 많이 있는데
이리저리 제각기 갈 길을 가네.
뭐 하러 가는지 그에게 물으니
이익 아니면 명예 찾아간다네.

대로에 나가면 행인들이 분주하게 길을 오간다. 무엇을 위해 저리 바쁘게 가는 걸까?

많은 사람들이 이익과 명예를 좇아 열심히 살아간다. 이익과 명예가 사람의 짧은 생을 모두 소진할 만큼 그렇게 가치가 있는 걸까? 삶에서 더 가치 있는 것은 없을까? 사람들이 허망한 가치에다 너무 많은 것을 걸며 살아가고 있다.

道上多行人 東西各自去 問君何爾爲 非利卽名處

차좌일(車佐一), <出山>

도 상 다 행 인   동 서 각 자 거
道上多行人 東西各自去
문 군 하 이 위   비 리 즉 명 처
問君何爾爲 非利卽名處

차좌일(車佐一), <出山>

오직 푸른 바다와
산만 보네

세상일은 이랬다 저랬다 하고
사람 마음 오락가락 자주 바뀌네.
세속의 푸대접은 더더욱 싫어
바다와 산 푸른 것만 오래 보네.

세상이나 사람이나 믿을 게 없다. 세상일은 손바닥 뒤집는 듯 쉽게 바뀌고, 사람 마음은 어제 다르고 오늘 다르다. 제일 싫은 건 결국 세상 사람들의 푸대접이었다.
세상이나 사람이나 언제나 상처만을 주었으니 더 이상 여기에 마음을 기대지 않겠다. 세상에 등 돌리고서 바다와 산만 오래도록 바라본다.

世事多飜覆 人情互逕庭 深憎俗眼白 長對海山靑

김진위(金震煒), <用唐人韻>

세 사 다 번 복　　　인 정 호 경 정
世事多飜覆　人情互逕庭
심 증 속 안 백　　　장 대 해 산 청
深憎俗眼白　長對海山靑

김진위(金震煒), <用唐人韻>

환속하며

흐르는 물 노한 듯 시끄러웠고
높은 산은 화난 듯 말이 없었네.
물과 산이 오늘 내게 보인 그 뜻은
속세 향해 가는 나 싫어서이리.

위원개는 중이 되었다가 어머니 뜻에 따라 환속한다. 이 시는 이때 산사를 떠나면서 쓴 것이다. 물과 산이 환속하는 자신을 꾸짖는 것만 같다. 물과 산이 성내고 화낼 일 만무하지만, 그동안 함께했던 물과 산에도 부끄러웠다.
위원개는 장원급제하고 벼슬을 하다가 어머니 사후 다시 출가했다. 그때는 산과 물이 그를 향해 반갑게 웃어주지 않았을까?

流水喧如怒 高山嘿似嗔 兩君今日意 嫌我向紅塵
위원개(魏元凱), <無題>

_{유 수 훤 여 노} _{고 산 묵 사 진}
流水喧如怒 高山嘿似嗔
_{양 군 금 일 의} _{혐 아 향 홍 진}
兩君今日意 嫌我向紅塵

위원개(魏元凱), <無題>

강가에서
늙어가고 싶어라

지팡이 짚고 올라와 먼 곳을 바라보니
한없이 너른 바다, 만 개의 산 있었네.
생계가 나에게는 참으로 화근 되어
강가에서 늙어가지 못하는 신세라네.

지팡이에 의지해 남산에 올라와 보니 산과 바다가 끝없이 펼쳐져 있었다. 왜 여태 이러한 풍경을 보며 살지 못했을까? 먹고사는 일에 발목을 잡혀 세상에 아름다운 경치를 즐기며 살 수 없었다. 예나 지금이나 먹고사는 일은 늘 버겁다. 현재를 소진해서 미래를 꿈꾼다. 하지만 미래도 현재의 연속일 뿐이다.

扶筇登眺渺茫間 萬頃滄波萬點山 口腹於吾眞一崇 不將身世老江干
박계강(朴繼姜), 《稗官雜記》

扶筇登眺渺茫間 萬頃滄波萬點山
口腹於吾眞一祟 不將身世老江干

박계강(朴繼姜), 《稗官雜記》

비석
하나

무덤엔 풀들 벌써 오래됐는데
이곳이 바로 자소의 무덤이라네.
말을 멈춰도 누가 손님 맞으랴.
잔 잡아 그대에게 홀로 권하네.
평생에 작은 비석 하나 남으니
모든 일이 뜬구름 같을 뿐이네.
두견새도 나무에서 울어대노니
마음이 아파 차마 들을 수 없네.

임준원은 가난한 사람을 돕는 것으로 유명했다. 홍세태도 임준원의 도움을 많이 받았는데, 그의 집에서 가장 오래 얹혀살았던 사람 중 하나였다. 그런 임준원이 세상을 떠나자 그의 무덤을 찾은 감회를 시로 썼다.

임준원의 무덤에는 평생에 했을 무수한 선행을 뒤로하고 웃자란 풀과 빗돌만 남으니 세상사가 허무하기 짝이 없다. 때마침 두견새가 서글프게 울어대니 마음이 더 아프다. 친구는 죽어서 무덤 속에 있고 나는 살아서 무덤가에서 새소리를 듣는다.

荒原草已宿 是謂子昭墳* 駐馬誰迎客 持杯獨勸君
平生餘短碣 萬事一浮雲 杜宇啼山木 傷心不忍聞
홍세태(洪世泰), <和禮卿西翁墓下作>

—
자소(子昭)는 임준원의 자(성인 남자를 부르는 호칭)이다.

황 원 초 이 숙	시 위 자 소 분
荒原草已宿	是謂子昭墳
주 마 수 영 객	지 배 독 권 군
駐馬誰迎客	持杯獨勸君
평 생 여 단 갈	만 사 일 부 운
平生餘短碣	萬事一浮雲
두 우 제 산 목	상 심 불 인 문
杜宇啼山木	傷心不忍聞

홍세태(洪世泰), <和禮卿西翁墓下作>

6. 나에게 관대하기

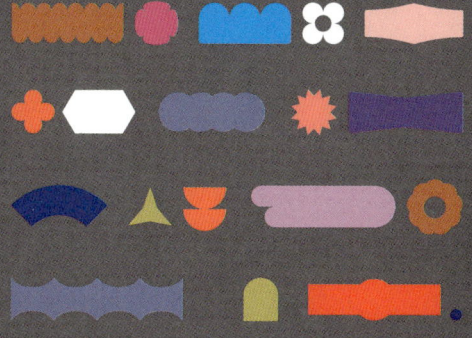

세상일이란 원래 내 뜻대로 되지 않는 법이다. 그럴 땐 한번 웃고 넘어가면 된다. 하늘에 답을 구할 필요도 없다. 내가 추구하는 길이 어떠한지 살피고 바른 방향으로 가면 그뿐이다.
혼자 심각하게 고민할 필요도 없다. 구원은 외부에서 오지 않는다. 나를 구원하는 것은 나 자신이다.

나에게
관대하기

세상사 한번 웃고 쉬어가면 될 일이지
푸르른 하늘 아래 구한다고 들어줄까.
내 길이 어떤지를 안다면 그뿐이지
해 지는 누대에 홀로 기댈 필요 없네.

세상일이란 원래 내 뜻대로 되지 않는 법이다. 그럴 땐 한번 웃고 넘어가면 된다. 하늘에 답을 구할 필요도 없다. 내가 추구하는 길이 어떠한지 살피고 바른 방향으로 가면 그뿐이다.
혼자 심각하게 고민할 필요도 없다. 구원은 외부에서 오지 않는다. 나를 구원하는 것은 나 자신이다.

萬事唯宜一笑休 蒼蒼在上豈容求 但知吾道何如耳 不用斜陽獨倚樓
이장용(李藏用), <自寬>

^{만 사 유 의 일 소 휴} ^{창 창 재 상 기 용 구}
萬事唯宜一笑休 蒼蒼在上豈容求
^{단 지 오 도 하 여 이} ^{불 용 사 양 독 의 루}
但知吾道何如耳 不用斜陽獨倚樓

이장용(李藏用), <自寬>

나는
내 길을 가련다

나는 내 거문고를 튕길 뿐이지
소리 알아줄 이는 구하지 않네.
종자기는 어떠한 사람이길래
줄 위의 마음 굳이 분별했던가.

✺

백아는 거문고 연주자였고 종자기는 좋은 평론가였다. 종자기가 죽자 백아는 거문고 줄을 잘랐다. 자신을 알아줄 사람이 사라지자 음악 연주도 그쳤다. 그런데 이 시는 이런 고사와 결을 달리한다.
나는 내 거문고를 내 방식대로 연주할 뿐이다. 내 거문고 소리를 알아줄 사람은 필요 없다. 나에 대한 평가를 남에게 맡기지 않고 내 방식을 따르며 내 길을 가겠다.

我自彈吾琴 不須求賞音 鍾期亦何物 强辨絃上心
신항(申沆), <伯牙>

> 아 자 탄 오 금　　불 수 구 상 음
> 我自彈吾琴　不須求賞音
> 종 기 역 하 물　　강 변 현 상 심
> 鍾期亦何物　强辨絃上心

신항(申沆), <伯牙>

**매일매일
좋은 날**

안 둥글 땐 더딘 둥글 걸 늘 한하더니
둥근 뒤 어이하여 쉽게도 이우는가.
서른 밤 가운데서 둥근 것 하룻밤이니
백 년 인생 마음 일도 모두 다 이와 같네.

보름달만이 지선(至善)이 아니다. 보름달 전에 약간은 부족하게 이지러져 있던 달도 모두 같은 달이다. 어쩌면 보름달을 위해 기다렸던 시간들이 더 특별할지도 모른다.
알랭은 《행복론》에서 "행복해지기 전까지만 행복할 뿐"이라고 했다. 인생도 이와 다르지 않다. 화려한 성공과 성취를 이룬 날만 의미가 있는 게 아니다. 특별히 기억될 것이 없던 더 많은 날이 헌납되었음을 잊지 말자. 매일매일 좋은 날이다.

未圓常恨就圓遲 圓後如何易就虧 三十夜中圓一夜 百年心思摠如斯
송익필(宋翼弼), <望月>

미	원	상	한	취	원	지		원	후	여	하	이	취	휴

未圓常恨就圓遲 圓後如何易就虧

삼	십	야	중	원	일	야		백	년	심	사	총	여	사

三十夜中圓一夜 百年心思摠如斯

송익필(宋翼弼), <望月>

소나무와 탑

한 자 남짓 소나무가 탑 서쪽에 있는데
탑은 높고 소나무 낮아 똑같지 아니하네.
오늘 소나무가 탑보다 낮다 말하지 마라.
소나무 자란 훗날엔 탑이 되레 낮으리니.

※

《성호사설》에 따르면 정인홍이 어릴 때 산사에서 글을 읽는데, 마침 도의 감사(監司)가 이를 보고 시를 지어보라 해서 이 시를 지었다고 한다. 정인홍이 시를 읊자 감사는 "후일에 반드시 이름을 드높이리라. 그러나 뜻이 분수에 넘쳐 과하니 부디 경계하라."고 하였다. 또 다른 기록에는 정인홍이 열한 살 때 소나무를 자기 자신에, 탑을 양희(梁喜)에 빗대어 시를 지었다고 한다. 양희는 정인홍의 대단한 기개가 마음에 들어 훗날 사위로 삼았다.

一尺孤松在塔西 塔高松短不相齊 莫言此日松低塔 松長他時塔反低
정인홍(鄭仁弘), <詠松>

_일_척_고_송_재_탑_서　_탑_고_송_단_불_상_제
一尺孤松在塔西　塔高松短不相齊
_막_언_차_일_송_저_탑　_송_장_타_시_탑_반_저
莫言此日松低塔　松長他時塔反低

정인홍(鄭仁弘), <詠松>

가난해도 괜찮고
아파도 편안하네

즐거우니 가난도 도리어 좋고
한가로움 많아 병 또한 괜찮네.
향불 사르니 봄비 잘게 내리고
시구 찾으니 새벽 종소리 늦네.
외진 골목에 이끼는 길을 덮었고
창이 비어 대나무로 울을 고쳤네.
우습네, 명예와 이익 좇는 사람들
해 가도록 분주히 달리기만 하네.

가난해도 괜찮고 아파도 괜찮다. 향불을 사르니 봄비는 추적추적 내리고, 시구 찾으려 고심하다 보니 새벽까지 깨어 있었다. 집으로 이어진 길은 인적이 끊겨 이끼가 잔뜩 끼었고, 창이 허술하여 창밖 울타리를 대나무로 높고 빽빽하게 보완하였다. 명예와 이익을 좇는 사람들은 한 해 내내 뭐가 그리 급하고 바쁜지 분주하게 살아간다. 이렇게 살고 있는 내가 저렇게 살고 있는 그들을 안타까워한다.

樂在貧還好 閑多病亦宜 燒香春雨細 覓句曉鍾遲
巷僻苔封逕 窓虛竹補籬 笑他名利客 終歲任驅馳

김효일(金孝一), <謾吟>

樂在貧還好 閑多病亦宜
낙 재 빈 환 호   한 다 병 역 의

燒香春雨細 覓句曉鍾遲
소 향 춘 우 세   멱 구 효 종 지

巷僻苔封逕 窓虛竹補籬
항 벽 태 봉 경   창 허 죽 보 리

笑他名利客 終歲任驅馳
소 타 명 리 객   종 세 임 구 치

김효일(金孝一), <謾吟>

향기 나는 삶을 살리라

밭에다 곡식일랑 심지를 않고
힘을 다해 난초를 심어두었네.
난초가 가을에 열매 맺지 못해도
거문고 품에 안고 후회 안 하네.

남들은 밭에다 생계를 위한 곡식을 심었지만, 시인은 열매 하나 맺지 못하는 난초를 심는 데 정성을 쏟았다. 세속의 가치를 외면했던 대가와 손해는 나 홀로 당당히 감당할 것이다. 남들처럼 살지 않아 아쉬운 일도 많겠지만, 나답게 살면서 향기 나는 삶을 살리라.

有田不種穀 努力種蘭草 蘭草秋不實 抱琴無悔懊

이희사(李羲師), <漫吟>

有田不種穀 努力種蘭草
蘭草秋不實 抱琴無悔懊

이희사(李羲師), <漫吟>

나는야
책벌레

늙은 난 전생에서 분명히 좀벌레였으니
한평생 맛난 음식, 책 씹는 데 있었다네.
날마다 책을 뚫어 깊은 데 들어가면
시간이 어찌 가나 알지를 못하였네.

좀벌레는 책을 뜯어 먹는다. 시인은 자신을 좀벌레에 빗대어 독서벽을 말했다. 한마디로 책벌레란 뜻이다.
독서에 푹 빠지면 우리는 종종 시간이 얼마나 지났는지도 모를 지경이 된다. 어려움 가운데 있을수록 독서는 우리의 삶을 구원해준다.

老我前身定蠹魚 一生滋味在咀書 日日鑽從深處去 不知踐歷已何如
유희(柳僖), <聞見隨錄>

노	아	전	신	정	두	어		일	생	자	미	재	저	서
老	我	前	身	定	蠹	魚		一	生	滋	味	在	咀	書

일	일	찬	종	심	처	거		부	지	천	력	이	하	여
日	日	鑽	從	深	處	去		不	知	踐	歷	已	何	如

유희(柳僖), <聞見隨錄>

천년 뒤에
나를 증명하리라

어리석은 자나 총명한 자나 죽으니
흙은 뉘라 해서 가리지 않는다네.
변변찮아 보이는 몇 권의 책이
천년 세월 지난 뒤 날 증명하리.

시인 이언진의 신분은 중인에다 직업은 역관이니 세상에서 인정받기 어려웠다. 그러나 그는 누구도 쓰지 않았고 쓸 수 없었던 자신의 시를 모아 책으로 엮고자 했다. 당대에는 시답지 않아 보여도 천년 뒤에는 자신의 책이 사람들에게 기억되리라. 현세의 불행은 불후의 저작이 위로해줄 것이다. 세상에 썩을 것과 썩지 않을 것이 있다면, 나는 절대로 썩지 않을 것을 남기리라.

痴獸朽聰明朽 土不揀某某某 兎園冊若干卷 吾證吾千載後
이언진(李彦瑱), <衕衚居室 (157)>

痴^치獸^수朽^후聰^총明^명朽^후 土^토不^불揀^간某^모某^모某^모
兎^토園^원冊^책若^약干^간卷^권 吾^오證^증吾^오千^천載^재後^후

이언진(李彦瑱), <衕衕居室 (157)>

표범처럼
용처럼

요순 시절 만났지만 여전히 단벌이니
수많은 사람들이 겉만 보고 어찌 알까.
숨은 표범, 어찌 무늬 이룰 날 없겠으며
똬리 튼 용, 구름을 일으킬 날 있으리라.

남들은 입을 모아 요순 시절이라 하지만 나는 여전히 단벌 신세다. 사람들이 나의 겉모습을 보고서 참모습을 알 수 있을까? 표범은 7일 동안 숨어 지내지만 끝내 아름다운 무늬의 털을 갖게 되고, 용도 잠자코 있다가 구름을 일으키며 창공을 날아다닌다. 나 또한 그렇게 잠시 숨어 있을 뿐이다. 초라한 지금의 모습만 보고 날 판단하지 마라.

生逢堯舜尙單衣 千萬何人表見知 豹隱豈無成彩日 龍蟠會有起雲時

김인후(金麟厚), <次德茂韻>

생 봉 요 순 상 단 의   천 만 하 인 표 견 지
生逢堯舜尙單衣 千萬何人表見知
표 은 기 무 성 채 일   용 반 회 유 기 운 시
豹隱豈無成彩日 龍蟠會有起雲時

김인후(金麟厚), <次德茂韻>

세상 밖을 두루 노니리

산 남쪽 자그마한 밭뙈기에다
됫박만한 작은 집 지어놓고는
손에는 산해경을 펼쳐 들고서
정신은 세상 밖을 두루 노니네.

산속에 자그마한 밭이 달린 조그마한 집이 있다. 그 집에서 《산해경》을 펼쳐 들고 세상에 없을 법한 이야기에 푹 빠져들었다. 누군가는 초라한 현실을 외면한 채 정신 승리에 빠져 있다 비판할지 모른다. 그러나 자유로운 정신은 결코 어려운 현실에 굴복하지 않는다.

山南十畝田 築室如斗大 手展山海經 神遊八荒外
신유한(申維翰), <寄洞陰任使君瑢>

| 산 | 남 | 십 | 무 | 전 | | 축 | 실 | 여 | 두 | 대 |
山 南 十 畝 田　築 室 如 斗 大
| 수 | 전 | 산 | 해 | 경 | | 신 | 유 | 팔 | 황 | 외 |
手 展 山 海 經　神 遊 八 荒 外

신유한(申維翰), <寄洞陰任使君瑢>

병아리가
자라면

꽃밭에 들어가서 흰나비 삼키고
물 마시고 봄날에 잠만 자더니,
가을 오자 꼬끼오 한번 우니까
비바람 속 사람들 길을 떠나네.

병아리는 꽃밭에 들어가서 흰나비를 쫓아다니다 물 마시고 나면 하냥 꾸벅꾸벅 졸았다. 가을이 오고 훌쩍 자란 병아리는 이제 닭이 되었다. 새벽에 꼬끼오 하고 울면 사람들은 날이 밝은 것을 알고서 길을 나섰다. 어른이 된다는 것은 저 천진한 병아리가 어느덧 닭이 되어 제 몫의 역할을 하게 되는, 그런 게 아닐까?

入花吞白蝶 飮水眠青春 秋來能一唱 風雨發行人
황오(黃五), <鷄兒>

입 화 탄 백 접　　음 수 면 청 춘
入花吞白蝶　飲水眠青春
추 래 능 일 창　　풍 우 발 행 인
秋來能一唱　風雨發行人

황오(黃五), <鷄兒>

인생길
열두 고개

한 고개는 높직하고 한 고개는 나직하고
앞에는 깊은 개울, 뒤에는 얕은 개울 있네.
한 고개는 짤막하고 한 고개는 기다랗고
돌멩이는 쌓여 있고 소나무는 무성하네.
한 고개는 구불구불, 한 고개는 뻗어 있고
말들은 자빠지고 종놈은 헐떡대네.
여섯 고개 넘고 나자 여섯 고개 남아 있어
아침에 곤명 떠나 저녁에 사천 오네.
세상에 도로들은 평탄한 때가 없으니
내가 쉬는 게 낫지, 가는 것 좋지 않네.

❋

인생은 고개를 넘는 것과 똑같다. 하나도 만만한 고개가 없다. 고개를 다 넘었다고 생각하면 또 다른 고개가 펼쳐진다. 고개를 넘을 때 간혹 선물처럼 평탄한 길을 만날 때도 있지만 매번 바랄 수는 없는 노릇이다.
꾸준히 한 발, 두 발 걸음을 옮길 뿐이다. 무언가 극적인 변화가 있으리라는 기대는 접어두고서.

6. 나에게 관대하기

一嶺高一嶺低 前深溪後淺溪 一嶺短一嶺長 石磊磊松蒼蒼
一嶺曲一嶺直 駟馬蹶僕脅息 六嶺度了又六嶺 朝發昆明泗夕景
世間道途無時平 吾行宜休不宜行

이서우(李瑞雨), <十二峙謠>

一嶺高一嶺低 前深溪後淺溪
一嶺短一嶺長 石磊磊松蒼蒼
一嶺曲一嶺直 駟馬蹶僕脅息
六嶺度了又六嶺 朝發昆明泗夕景
世間道途無時平 吾行宜休不宜行

이서우(李瑞雨), <十二峙謠>

한가로운 요양 생활

병중에 바둑 두니 병든 것 같지 않고
한가해 시구 찾으니 한가할 틈이 없네.
한가롭고 요양함이 아무런 쓸모없어
사람들 비웃음만 실컷 받게 되었다네.

바삐 살다 보면 한가한 시간을 꿈꾸기 마련이다. 도무지 시간이 나지 않을 때는 아파서 쉬었으면 좋겠다고 생각할 때도 있다. 그런데 막상 몸이 아프면 바둑을 두고, 시간이 나면 좋은 시구를 찾느라 바삐 보낸다.

맨날 한가하면 좋겠다는 말도 다 공염불이다. 사실 한가함이나 요양을 누릴 시간이 없었던 것이 아니라, 마음이 없었던 것은 아닐까 하는 생각이 든다.

病裏圍碁如不病 閑中覓句亦無閑 求閑養病都無用 嬴被旁人拍手看
서거정(徐居正), <自笑>

병 리 위 기 여 부 병　　　　한 중 멱 구 역 무 한
病裏圍碁如不病　閑中覓句亦無閑
구 한 양 병 도 무 용　　영 피 방 인 박 수 간
求閑養病都無用　贏被旁人拍手看

서거정(徐居正), <自笑>

진정한 친구

골짝에 은거한 지 스무 해 접어드니
온갖 병 걸리었고 머리는 온통 희네.
거미줄 친 문 밖에 편지가 도착하니
아직도 날 안 버린 친구가 있었구나.

김안국은 사화(史禍)에 연루되어 약 20년 동안 은거한다. 사람들의 왕래는 자연스레 끊어졌다. 그런데 아직도 나를 잊지 않고 편지를 보내주는 친구가 있다.

세월이 몇 년만 흘러도 옛정은 끊어지기 쉽다. 더욱이 정치적 문제로 세상의 버림을 받는다면 인심은 더욱 냉정할 수밖에 없다. 쉽게 변하는 세상에 변하지 않는 사람은 드물어서, 그런 사람을 만나면 더욱 귀하고 고맙다.

丘壑藏身二十年 百痾纏繞雪渾顚 雀羅門外書能到 尙有情親不棄捐

김안국(金安國), <謝忠州金牧使益壽餽酒肴>

구 학 장 신 이 십 년　　백 아 전 요 설 혼 전
丘壑藏身二十年　百痾纏繞雪渾顚
작 라 문 외 서 능 도　　상 유 정 친 불 기 연
雀羅門外書能到　尙有情親不棄捐

김안국(金安國), <謝忠州金牧使益壽餽酒肴>

오래된 이불

십 년 된 이불에다 새로 난 솜을 넣어
다시 한 번 온기로서 추위를 막아보네.
긴 밤에 편히 누워 이불 쓰고 잠을 자니
창밖 숲에 눈 쌓인 줄 그 누가 알겠는가.

십 년 된 이불을 쓸 만큼 형편이 좋지 않았다. 그 이불에 새 솜을 넣으니 온기가 조금 돌아왔다. 머리까지 이불을 푹 덮고 잠을 청한다. 창밖에는 눈이 내려 숲에 가득 쌓였다.
남들은 가난한 내 처지를 비웃을지 모르지만, 이불에 새 솜만 넣어도 새 이불이 하나도 부럽지 않다. 사는 데에는 그렇게 많은 것이 필요치 않다.

添得新綿十載衾 更敎溫煖辟寒侵 夜長臥穩蒙頭睡 牕外誰知雪滿林
구치용(具致用), <弊衾加絮>

첨 득 신 면 십 재 금　　갱 교 온 난 벽 한 침
添得新綿十載衾　更敎溫煖辟寒侵
야 장 와 온 몽 두 수　　창 외 수 지 설 만 림
夜長臥穩蒙頭睡　牕外誰知雪滿林

구치용(具致用), <弊衾加絮>

7. 말과 생각에 품격을 더하다

무릇 훌륭한 인품을 가진 이는 좋은 향기를 뿜어내는 한 떨기 꽃과 같은 사람이다. 당신은 지금 지독한 냄새를 뿜어내며 살고 있는가, 아니면 좋은 향기를 풍기며 살고 있는가?

눈밭에서
어지러이 걷지 마라

눈 밟고 들 가운데 걸어갈 적엔
모름지기 어지러이 걷지를 마라.
오늘 아침 내가 간 발자국들이
마침내 뒷사람의 길이 되리니.

●

들판에 눈이 수북이 내렸다. 눈 위에 처음 발을 놓는다. 그 발자국이 고스란히 뒤에 오는 사람의 이정표가 된다. 내가 산 삶이 다른 이에게 지침과 본보기가 된다.
내가 간 길은 나에게만 귀결되는 것이 아니다. 그 길들은 무수히 많은 사람들과 연결되어 있다. 발자국이 눈 속으로 금세 사라진다 해도 함부로 갈 수 없는 법이다.

穿雪野中去 不須胡亂行 今朝我行跡 遂爲後人程
이양연(李亮淵), <野雪>

천 설 야 중 거　　불 수 호 란 행
穿雪野中去　不須胡亂行
금 조 아 행 적　　수 위 후 인 정
今朝我行跡　遂爲後人程

이양연(李亮淵), <野雪>

한 층 한 층
오르다 보면

앞으로 가는 효과 알고 싶다면
계단으로 누각을 오르듯 하라.
한 층 또 한 층 오르다 보면
제일 먼저 꼭대기에 와 있으리.

하루아침에 달라지는 것은 아무것도 없다. 가고자 하는 정상을 향해 꾸준히 걸음을 옮기다 보면 어느새 정상에 올라와 있는 나를 발견할 수 있다. 지루한 일상을 성실하게 반복하는 것만이 성공의 비법이라면 비법이다.

若知前進效 階級若登樓 一層復一層 身登第一頭

정인홍(鄭仁弘), <寄河君渾>

若知前進效 階級若登樓
一層復一層 身登第一頭

정인홍(鄭仁弘), <寄河君渾>

산
정상에서

산에 올 때 평지에서 정상을 바라보며
하늘에 산머리가 닿았다 하였는데,
이제 되레 산 정상에 오르고 나서는
고개 들어 하늘 보니 아득히 멀어졌네.

산 아래 평지에서 산을 바라보면 산머리가 하늘에 닿은 것처럼 보인다. 그런데 막상 정상에 오르면 하늘은 다시 아득하게 멀어져 있다.
정상에 오르면 우쭐대고 기고만장하기 쉽다. 그러나 하늘은 더 높고 더 널리 펼쳐져 있다. 내가 산에 오를수록 더 겸손해지는 까닭이 여기에 있다.

來時平地望山巓 直謂山巓際碧天 如今却到山巓上 擧首觀天更杳然

신후담(愼後聃), <山頂>

내	시	평	지	망	산	전		직	위	산	전	제	벽	천
來時平地望山巓 直謂山巓際碧天
여	금	각	도	산	전	상		거	수	관	천	갱	묘	연
如今却到山巓上 擧首觀天更杳然

신후담(愼後聃), <山頂>

향기 나는 사람

사람들, 꽃의 빛깔 본다 하지만
나는 홀로 꽃향기 보려고 하네.
이 향기가 천지에 가득하다면
나 또한 한 송이의 꽃이 되리라.

세상 사람들은 꽃의 색깔을 본다지만, 자신은 꽃의 향기를 본다고 했다. 겉모습보다는 내면을 더 중시하겠다는 말이다.
무릇 훌륭한 인품을 가진 이는 좋은 향기를 뿜어내는 한 떨기 꽃과 같은 사람이다. 당신은 지금 지독한 냄새를 뿜어내며 살고 있는가, 아니면 좋은 향기를 풍기며 살고 있는가?

世人看花色 吾獨看花氣 此氣滿天地 吾亦一花卉
박준원(朴準源), <看花>

세 인 간 화 색   오 독 간 화 기
世人看花色 吾獨看花氣
차 기 만 천 지   오 역 일 화 훼
此氣滿天地 吾亦一花卉

박준원(朴準源), <看花>

한 사람, 한 사람
살펴야 하리

붉은 '홍' 한 글자만 가지고서는
눈앞에 온갖 꽃을 말하지 마라.
꽃술도 많고 적음 있는 법이니
세심히 하나하나 살펴야 하리.

꽃이라고 다 같은 꽃이 아니다. 붉은 것이라 해도 차이가 있고 꽃술도 많고 적음이 있다. 사람도 이와 다르지 않다. 저마다의 사연과 능력이 있다. 그러니 한 사람, 한 사람 찬찬히 뜯어보고 관심을 가져야 한다.
어쩌면 시인은 나를 제대로 알아봐달라는 간절한 외침을 이 시에 담은 것은 아닐까.

毋將一紅字 泛稱滿眼華 華鬚有多少 細心一看過

박제가(朴齊家), <月瀨褉絶> 중 1수

무 장 일 홍 자   범 칭 만 안 화
毋將一紅字 泛稱滿眼華
화 수 유 다 소   세 심 일 간 과
華鬚有多少 細心一看過

박제가(朴齊家), <月瀨襪絶> 중 1수

걱정투성이

꽃 심을 땐 안 필까 걱정을 하고
꽃 피면 저버릴까 걱정을 하네.
피고 짐이 다 사람을 걱정케 하니
꽃 심는 즐거움을 모르겠구나.

꽃나무를 심고 꽃이 안 필까 걱정이었는데 꽃이 피자 빨리 질까 걱정이다. 아름다운 꽃을 마음껏 감상하며 기뻐하기보다 꽃이 질까 걱정되어 꽃이 주는 즐거움마저 잃어버린다.
어떤 것에 마음을 주면 그게 다 고통과 수심으로 돌아온다. 사람 관계를 꽃에 대입해도 똑같다. 결국 모든 인연이란 고통과 수심을 동반하는 법이다.

種花愁未發 花發又愁落 開落摠愁人 未識種花樂
이규보(李奎報), <種花>

종 화 수 미 발   화 발 우 수 락
種花愁未發 花發又愁落
개 락 총 수 인   미 식 종 화 락
開落摠愁人 未識種花樂

이규보(李奎報), <種花>

사람을
알아보는 법

얼굴 보면 누구나 사람 같지만
마음 보면 짐승 같은 사람도 있네.
사람답고 사람답지 않은 문제는
얼굴로만 판단하지 말아야 하네.

●

얼굴은 사람 꼴을 하고 있지만 마음은 짐승과 다를 바 없는 것을 인면수심(人面獸心)이라고 말한다. 사람 같은지, 짐승 같은지 어떻게 판단할 수 있을까?
악은 선량해 보이는 데 깃들인 경우가 많다. 그러니 좋은 사람인지 여부를 얼굴로 판단하는 것은 대단히 위험한 일이다. 마음과 행동을 찬찬히 살펴 신중히 판단해야 한다.

看面人皆人 察心人或獸 人人人不人 莫以面皮究
임광택(林光澤), <雜咏>

看面人皆人 察心人或獸
人人人不人 莫以面皮究

임광택(林光澤), <雜詠>

산 정상에
오르지 않는 이유

산 정상에 감히 안 오르는 건
산 오르는 걸 꺼려서가 아니라,
산에 사는 사람의 눈을 가지고
잠시라도 세상 볼까 두려워서네.

●

산 정상은 세속적인 성공과 성취를 의미한다. 산을 오르는 행위는 성공과 성취를 이루어내기 위한 노력이나 방법으로 볼 수 있다.
단순히 성공을 위해 노력하는 것이 어렵고 귀찮아서 꺼리는 것이 아니다. 이미 산속에 살면서 자신만의 안목을 갖추었는데, 이제 와서 세속적 가치에 눈 돌릴까 두려워서이다. 더 이상 한눈팔지 않겠다는 다짐을 담았다.

高巓不敢上 不是憚躋攀 恐將山中眼 乍復望塵寰

이규보(李奎報), <山中寓居>

고 전 불 감 상   불 시 탄 제 반
高巓不敢上 不是憚躋攀
공 장 산 중 안   사 부 망 진 환
恐將山中眼 乍復望塵寰

이규보(李奎報), <山中寓居>

나는 나대로

가다 보면 앉길 잊고 앉다 보면 가길 잊어
그늘에서 말 쉬게 하고 물소리 듣고 있네.
뒤에 오던 몇 사람이 날 앞질러 지나가나
각자가 제 길 가니 무엇을 다투리오.

●

길을 가다 보면 쉴 때를 놓치기 십상이고, 쉬다 보면 갈 때를 잊어버리기 쉽다. 가야 할 때와 쉴 때를 딱 맞추기란 쉬운 일이 아니다. 그렇게 길을 가다가 시인도 쉬면서 물소리를 듣고 있자니 뒤에 오던 사람들이 시인의 앞을 지나간다. 예전 같으면 일어나 다시 길을 갔겠지만, 이제는 그렇게 하지 않는다. 제 나름의 때가 있으니 그들과 다툴 것이 없고 내가 마음먹은 대로 하면 그뿐이다.

山行忘坐坐忘行 歇馬松陰聽水聲 後我幾人先我去 各歸其止又何爭
송익필(宋翼弼), <山行>

^{산 행 망 좌 좌 망 행}
山行忘坐坐忘行 ^{헐 마 송 음 청 수 성}
歇馬松陰聽水聲
^{후 아 기 인 선 아 거}
後我幾人先我去 ^{각 귀 기 지 우 하 쟁}
各歸其止又何爭

송익필(宋翼弼), <山行>

천년 너럭바위

탁류가 넘실대면 모습을 숨겼다가
잔잔히 흐를 때면 분명히 드러나네.
어여쁘다, 이같이 거센 물결 속에서도
천년 동안 너럭바위 그대로 있었다네.

●

물결이 거세게 흐를 때는 모습을 잘 드러내지 않다가 잔잔히 흐를 때는 제 모습을 드러낸다. 그렇게 천년 동안 자리를 단단히 지키고 있는 너럭바위가 있다. 아무리 거센 물결이 밀려와도 절대로 흔들리거나 굴복하지 않는다. 어떠한 충격에도 자신을 지킬 수 있는 단단한 내면을 만들어야 한다.

黃濁滔滔便隱形 安流帖帖始分明 可憐如許奔衝裏 千古盤陀不轉傾

이황(李滉), <盤陀石>

황 탁 도 도 변 은 형　　　안 류 첩 첩 시 분 명
黃濁滔滔便隱形　安流帖帖始分明
가 련 여 허 분 충 리　　　천 고 반 타 부 전 경
可憐如許奔衝裏　千古盤陀不轉傾

이황(李滉), <盤陀石>

길가의 장승에게

한결같은 얼굴에 엄숙한 몸뚱이로
말없이 오래 서서 몇 해나 지났던가.
세상의 사람들이 다 너와 같았다면
천하에 따질 사람 아무도 없으리라.

장승은 마을의 수호신으로 믿고 받들던 조각상이다. 나무에 새겨놓은 것이니 표정의 변화도 없고 시빗거리도 만들지 않는다. 그러나 세상 사람들은 시비 가리는 일을 그치지 않고 있다. 세상에는 애초에 시비를 가릴 수 없는 일이 너무나 많은데 말이다. 예나 지금이나 세상 사람들이 저 장승과 같다면 시비는 이 세상에서 사라지지 않을까?

依然面目儼然身 長立不言問幾春 若使世間皆似爾 應無天下是非人

조수삼(趙秀三), <戲路邊長栍>

| 의연 | 면목 | 엄연 | 신 | | 장립 | 불언 | 문 | 기 | 춘 |
依然 面目 儼然 身　　長立 不言 問 幾 春
| 약사 | 세간 | 개 | 사 | 이 | | 응무 | 천하 | 시 | 비 | 인 |
若使 世間 皆 似 爾　　應無 天下 是 非 人

조수삼(趙秀三), <戲路邊長栍>

옳고 그름에 대해서

맹자가 말하기를 마음의 옳고 그름은
지(智)로 말미암아 옳고 그름이 있다 하였네.
참된 옳음은 그를 수 없고
참된 그름은 마땅히 그르다 말해야 하네.
가만히 살펴보건대 세상의 옳고 그름은
참된 옳고 그름이 있을 때가 드물었다네.
남이 옳다니까 내가 옳다는 것은 잘못이며
남이 그르다니까 내가 그르다는 것도 잘못이네.
이치로 옳고 그름을 살펴보아야
이제 참된 옳고 그름을 얻을 수 있네.

●

《맹자》〈공손추 상(上)〉에 "시비지심(是非之心)은 지(智)의 단서[端]"라고 했다. 지(智)라는 것은 사리를 판단할 수 있는 것을 말한다.

이 시는 옳고 그름의 절대성을 강조하고 있다. 절대적으로 옳은 것도 그른 것도 존재하지만, 실제로는 그렇지 않고 두루뭉술 넘어가는 경우가 많다. 또 옳고 그름의 판단 기준을 남에게

만 두는 것도 경계해야 한다. 그렇다면 옳고 그름은 어떻게 따져야 할까. 바로 이치[理]를 판단 기준으로 삼아야 한다.

孟云心是非 由智有是非 眞是不可非 眞非當云非 竊觀世是非
鮮有眞是非 人是我是非 人非我非非 以理觀是非 方得眞是非

정종로(鄭宗魯), <是非吟>

孟云心是非 由智有是非
眞是不可非 眞非當云非
竊觀世是非 鮮有眞是非
人是我是非 人非我非非
以理觀是非 方得眞是非

정종로(鄭宗魯), <是非吟>

공부의
비법

공부는 비록 넓게 해야 하지만
행동을 단속하는 게 중요하다네.
온종일 남의 돈을 세어보아야
한 푼도 나의 것이 되지 못하고,
남의 집에서 동냥하는 비렁뱅이도
제 배 하나 채우지 못하는구나.
말 타고 너무 멀리 다니다가는
성취 없이 백발이 되고 만다네.
후배에게 당부하는 말을 전하니
나와 같은 늙은이 본받지 말게.

●

안정복이 젊은 학자에게 공부에 대한 당부를 시로 써준 것이다. 공부로 지식을 넓히되 그 지식은 행동으로 이어져야 한다. 또 공부는 남의 돈이나 세고 남의 집에서 동냥하듯 하면 안 되니, 남의 뒤꽁무니나 쫓아다니다가는 볼 장을 다 본다. 그렇다고 뜬구름 잡는 공부를 하다가는 아무런 성취 없이 늙을 뿐이다.

7. 말과 생각에 품격을 더하다

공부는 그 폭을 넓히면서 몸에 체화하고, 남의 학문만 쫓지 말고 제 학문을 하며, 제 재주만 믿고 뜬구름 같은 소리를 늘어놓지 말고 확실히 매조지를 해야 한다.

이는 공부를 할 때는 물론이고 어떤 일을 할 때도 좋은 충고가 되는 말이다.

學問雖在博* 要以約爲守* 終日數人錢 一文非己有 沿門持鉢客
竟未飽其口 游騎戒太遠 無成至白首 寄語後來者 愼勿效此叟

안정복(安鼎福), <口呼自感一首 示黃莘叟耳叟 德吉>

—

1구와 2구의 박(博), 약(約)은 박문약례(博文約禮)의 준말로 지식을 넓히고 행동을 단속하는 공부를 뜻한다.

학문수재박	요이약위수
學問雖在博	要以約爲守

종일수인전 일문비기유
終日數人錢 一文非己有

연문지발객 경미포기구
沿門持鉢客 竟未飽其口

유기계태원 무성지백수
游騎戒太遠 無成至白首

기어후래자 신물효차수
寄語後來者 愼勿效此叟

안정복(安鼎福),
<口呼自感一首 示黃莘叟耳叟 德吉>

하늘은
다 주지 않는다

소는 윗니 없고 호랑이는 뿔 없으니
하늘 이치 공평하여 알맞게 부여하네.
이것으로 벼슬길에 부침을 살펴보니
승진했다 기뻐 말고 쫓겨났다 슬퍼 마라.

●

하늘은 다 주지 않는다. 무언가를 줬다면 무언가를 빼앗는 법이다. 사회생활도 마찬가지다. 승진했다고 기뻐할 것도, 쫓겨났다고 낙담할 필요도 없다. 승진했다가 오히려 환란을 만날 수 있고, 쫓겨났다가 오히려 학문에 집중해서 큰 성취를 할 수도 있다. 이 문이 닫히면 저 문이 열린다. 그러니 중요한 것은 주어진 여건에 순명하되 마음을 단단히 하고 꾸준히 자신의 길을 가는 것이다.

牛無上齒虎無角 天道均齊付與宜 因觀宦路升沈事 陟未皆歡黜未悲

고상안(高尙顔), <觀物吟>

| 우 | 무 | 상 | 치 | 호 | 무 | 각 | | 천 | 도 | 균 | 제 | 부 | 여 | 의 |
牛 無 上 齒 虎 無 角　天 道 均 齊 付 與 宜
| 인 | 관 | 환 | 로 | 승 | 침 | 사 | | 척 | 미 | 개 | 환 | 출 | 미 | 비 |
因 觀 宦 路 升 沈 事　陟 未 皆 歡 黜 未 悲

고상안(高尙顔), <觀物吟>

과일을
다 따지 않은 이유

산속 과일 종류가 많고 많은데,
서리 맞자 향기와 단맛 더해져
나무꾼 따라가서 과일 따 와서
스님과 함께 앉아 맛을 본다네.
넝쿨 높이 달린 건 따 오지 않고
산짐승들 양식으로 남겨두었네.

산속에 서리 맞은 과일은 향과 단맛이 진하다. 산을 잘 아는 나무꾼을 따라가서 과일을 따 왔다. 높은 가지에 달린 과일은 다람쥐 양식으로 남겨두었다. 예부터 사람들이 감나무 홍시를 까치밥으로 남긴 그 마음과 같다. 우리의 나눔은 사람들 사이에서뿐 아니라 동물에게도 예외가 아니다.

山果非一種 霜餘溢甘芳 行隨樵子覓
坐共林僧嘗 高蔓摘未盡 留作䶃題糧

김창협(金昌協), <摘果>

산	과	비	일	종		상	여	일	감	방
山	果	非	一	種		霜	餘	溢	甘	芳

행	수	초	자	멱		좌	공	림	승	상
行	隨	樵	子	覓		坐	共	林	僧	嘗

고	만	적	미	진		유	작	생	오	량
高	蔓	摘	未	盡		留	作	甡	鼯	糧

김창협(金昌協), <摘果>

단단한
사람

천 석들이 저 종을 올려보게나.
크게 치지 않으면 소리도 없네.
만고에 변함없는 저 천왕봉은
하늘이 울어도 우는 일 없네.

●

조식은 이황과 함께 조선을 대표하는 대학자이다. 청량산이 퇴계 이황을 상징한다면 지리산은 남명 조식을 상징한다.
저기 우뚝한 지리산 천왕봉이 있다. 커다란 종은 웬만한 것으로 때리면 소리도 나지 않는다. 천왕봉도 마찬가지다. 눈과 비, 천둥, 번개가 제아무리 요란해도 끄떡없이 오랜 세월 버티고 서 있다. 나도 그렇게 어떤 충격에도 흔들리지 않는 단단한 사람이 되고 싶다.

請看千石鍾 非大叩無聲 萬古天王峯 天鳴猶不鳴
조식(曺植), <題德山溪亭柱>

청간천석종　　비대고무성
請看千石鍾　非大叩無聲
만고천왕봉　　천명유불명
萬古天王峯　天鳴猶不鳴

조식(曺植), <題德山溪亭柱>

착시
효과

새벽에 백학 한 쌍 잃어버리고
서글피 먼 하늘만 바라보는데
뜻밖에 맑은 울음 들려오더니
예전처럼 백학이 뜰에 있었네.

새벽에 백학(白鶴) 한 쌍이 보이지 않아 아쉬운 마음에 하늘만 바라보았다. 그런데 갑자기 학의 울음소리가 울려 퍼지니 그제야 뜰 안에 있던 학을 보게 되었다. 모든 것은 변하지 않고 그대로 있는데, 변하는 것처럼 보이는 것은 내 마음의 변덕 탓이 아니겠는가?
이 시의 원래 제목은 <눈[雪]>이다. 눈과 학이 모두 희다는 공통점을 통해 마음의 변화를 그려낸 멋진 시이다.

曉失雙白鶴 怊悵望遠空 忽聞淸唳響 依舊在庭中

이정주(李廷柱), <雪>

$$\begin{matrix}\underset{\dot{\underline{\mathbb{E}}}}{\text{曉}} & \underset{\underline{\text{실}}}{\text{失}} & \underset{\underline{\text{쌍}}}{\text{雙}} & \underset{\underline{\text{백}}}{\text{白}} & \underset{\underline{\text{학}}}{\text{鶴}} & \underset{\underline{\text{초}}}{\text{怊}} & \underset{\underline{\text{창}}}{\text{悵}} & \underset{\underline{\text{망}}}{\text{望}} & \underset{\underline{\text{원}}}{\text{遠}} & \underset{\underline{\text{공}}}{\text{空}} \\ \underset{\underline{\text{홀}}}{\text{忽}} & \underset{\underline{\text{문}}}{\text{聞}} & \underset{\underline{\text{청}}}{\text{淸}} & \underset{\underline{\text{려}}}{\text{唳}} & \underset{\underline{\text{향}}}{\text{響}} & \underset{\underline{\text{의}}}{\text{依}} & \underset{\underline{\text{구}}}{\text{舊}} & \underset{\underline{\text{재}}}{\text{在}} & \underset{\underline{\text{정}}}{\text{庭}} & \underset{\underline{\text{중}}}{\text{中}}\end{matrix}$$

이정주(李廷柱), <雪>

새해에는
좋은 사람 되리라

평생 동안 마음이 게을렀기에
섣달그믐이면 늘 서글퍼지네.
섣달그믐의 마음을 늘 품어서
새해에는 좋은 사람 되리라.

●

섣달그믐이면 지난 한 해를 대충 살았던 기억이 몰려와 괴롭기 짝이 없다. 섣달그믐의 이 통렬한 반성과 깨우침의 시간을 계속 기억한다면, 새해에는 분명 그전과는 다르게 살 것이다. 대개 사람의 수준은 반성하고 다짐한 것을 얼마나 지속하느냐에 달려 있다.

一生心疏懶 每於除夕悲 長懷除夕心 新年好人爲
이덕무(李德懋), <歲時雜詠>

일 생 심 소 라   매 어 제 석 비
一生心疏懶 每於除夕悲
상 회 제 석 심   신 년 호 인 위
長懷除夕心 新年好人爲

이덕무(李德懋), <歲時雜詠>

8. 나이 듦과 죽음을 준비하는 자세

어디서 왔다가 어디로 가는가? 우리의 인생은 저 구름처럼 시작과 끝을 알 수 없다. 그저 인연 따라왔다가 인연 따라간다. 말 그대로 행운유수(行雲流水)다.

구름처럼
물처럼

바위 쓸고 흐르는 물 바라보다가
스님에게 물었다. "어디서 오셨습니까?"
스님이 답했다. "일정하게 머문 곳 없고
우연히 흰 구름과 함께 돌아왔소."

물가에서 만난 선사에게 어디서 왔느냐 물었다. 선사는 일정한 곳 없이 떠돌다 구름과 함께 왔다고 대답한다. 우문현답(愚問賢答)이다.

어디서 왔다가 어디로 가는가? 우리의 인생은 저 구름처럼 시작과 끝을 알 수 없다. 그저 인연 따라왔다가 인연 따라간다. 말 그대로 행운유수(行雲流水)다.

掃石臨流水 問師何處來 師言無所住 偶與白雲回
신유한(申維翰), <磧川寺 過方丈英禪師>●

―

적천사(磧川寺)는 경북 청도에 있는 절이다.

^소掃^석石^림臨^유流^수水 ^문問^사師^하何^처處^래來
^사師^언言^무無^소所^주住 ^우偶^여與^백白^운雲^회回

신유한(申維翰), <磧川寺 過方丈英禪師>

흰머리 세 가닥

백발이 초저녁 별 돋는 것과 같아서는
처음에 별 하나만 깜박깜박 보이더니
잠깐 새 별이 둘, 별이 셋 나왔는데
별 셋이 나온 뒤엔 뭇 별들 다투었네.

정약용이 이 시를 쓸 때 그의 나이 마흔이었다. 늙음의 징조는 다채롭게 나타난다. 그중 흰머리는 나이 듦을 알리는 가장 분명한 알람이다. 처음에는 하나, 둘 보이다가 곧 걷잡을 수 없이 늘어난다. 흰머리를 뽑는 것으로 저항해보지만, 조금 지나면 어쩔 수 없이 백기 투항을 한다. 흰머리는 노쇠의 상징인가? 원숙함의 징표일까?

白髮勢如昏星生 初來只見一星呈 須臾二星三星出 三星出後衆星爭•
정약용(丁若鏞), <白髮>

—
이 시는 7언 16구인데 여기서는 4구까지만 싣고 생략하였다.

| 백 | 발 | 세 | 여 | 혼 | 성 | 생 | | 초 | 래 | 지 | 견 | 일 | 성 | 정 |
白髮勢如昏星生 初來只見一星呈
| 수 | 유 | 이 | 성 | 삼 | 성 | 출 | | 삼 | 성 | 출 | 후 | 중 | 성 | 쟁 |
須臾二星三星出 三星出後衆星爭

정약용(丁若鏞), <白髮>

우물쭈물
마흔이 넘어서

나이가 마흔 돼도 이미 많다 말하는데
오늘 한 살 더 먹으니 또 마음이 어떻겠나.
이제부터 우물쭈물 쉰 살이 되겠지만
가련타, 거센 물살 머물게 할 계책 없음이.

새 달력처럼 세월이 빠르게 가고 있음을 각성케 하는 것도 없다. 우물쭈물 마흔이 넘으니 쉰도 머잖다. 허망하게 나이만 먹어서는 안 된다는 위기감이 밀려온다. 지난 시간과 남은 시간을 헤아려본다. 세월이 가는 것을 인정하고 후회할 일들을 덜해야 한다.

行年四十已云多 加一今朝又若何 從此逡巡爲半百 可憐無計駐頹波
이정형(李廷馨), <題己丑新曆>

행	년	사	십	이	운	다		가	일	금	조	우	약	하
行	年	四	十	已	云	多		加	一	今	朝	又	若	何

종	차	준	순	위	반	백		가	련	무	계	주	퇴	파
從	此	逡	巡	爲	半	百		可	憐	無	計	駐	頹	波

이정형(李廷馨), <題己丑新曆>

꽃과
노인

늙은 농부도 꽃을 사랑하여서
꽃 꺾어 흰머리에 꽂았더랬지.
물가에서 제 모습 비춰보다가
한참을 서성대며 시간 보냈네.

늙은 농부는 꽃을 사랑해서 꽃을 꺾어다가 제 머리에 꽂았더랬다. 흰머리와 화려한 꽃의 색채 대비가 또렷하다. 늙은 농부는 꽃을 꽂은 제 모습을 물가에 비춰보았다. 그러고도 물가를 쉽사리 떠나지 못하고 오래도록 주위를 서성거렸다. 남들이 보면 주책이라고 핀잔할지 모르겠지만 나이가 든다고 마음까지 늙진 않았다.

田翁亦愛花 折來簪白首 臨水自照容 低回爲之久

홍세태(洪世泰), <村興>

田翁亦愛花 折來簪白首
임 수 자 조 용   저 회 위 지 구
臨水自照容 低回爲之久

홍세태(洪世泰), <村興>

세상 편히 사는 꾀

예봉 감춰 처세함은 속임수가 많은 게요
팔뚝 걷고 이름 숨김은 재앙에 가깝다네.
늙어서야 비로소 편히 사는 꾀를 아니
장차 이 몸 고향집에 눕히고자 하노라.

세상을 사는 방법은 실로 다양하다. 나이가 들고 깨달았다. 자신을 숨기면서 남을 대함은 음흉한 것이다. 대거리하며 싸울 것도 없다. 넘기지 말아야 할 것을 넘기면 비겁한 일이고, 넘길 일을 악착같이 따지면 아집이 된다. 남들과 지냄에 필요 이상의 동조나 불화도 다 부질없다. 그저 시골 마을에 제 몸 누일 집 한 채 구해 살면 된다.

藏鋒處世如多譎 攘臂逃名亦近殃 老太始知閑活計 欲將身世臥桑鄉•
심의(沈義), <醉書>

—
상향(桑鄉)은 상재향(桑梓鄉)의 준말로 뽕나무, 가래나무 있는 고향을 뜻한다.

藏鋒處世如多譎　攘臂逃名亦近殃
老太始知閑活計　欲將身世臥桑鄉

심의(沈義), <醉書>

달빛에 친구를 기다린다

꽃 핀 마을 언덕에 달 떠오를 때
산골 노인 일어나 옷을 여미네.
수시로 오는 좋은 손님 있으니
아직은 사립문을 닫지 말아야지.

산골에 꽃이 지천으로 피어 있으니 혼자 보기 아까운 풍경이다. 달이 뜨면 오마 하던 친구가 생각나 옷을 챙겨 입고 친구를 이제나저제나 기다린다. 사립문은 열어두었다. 그 문으로 친구가 어서 들어오면 좋겠다. 사립문은 단순한 문이 아니다. 사람에 대한 내 마음도 함께 열어놓았다.

嶺月來花社 山翁起整衣 重來有好客 且莫掩柴扉
권상하(權尙夏), <次任大仲韻>

영 월 래 화 사　　산 옹 기 정 의
嶺月來花社　山翁起整衣
중 래 유 호 객　　차 막 엄 시 비
重來有好客　且莫掩柴扉

권상하(權尙夏), <次任大仲韻>

두 번의
결혼식

혼인을 관장하는 월하노인은
인연 있으면 단 한 번 실을 맺는데,
유독 공公의 부부에 대해서만은
정성껏 두 번이나 맺어주었네.

회혼식을 맞은 노부부에게 써준 시이다. 회혼은 부부가 혼인한 지 예순 해가 되는 것을 말하는데, 과거에는 수명이 짧았던 탓에 회혼식은 매우 드문 잔치였다.
월하노인은 부부의 인연을 맺어준다고 알려진 전설상의 인물인데, 남들에게는 한 번 맺어주는 부부의 인연을 이 부부에게만은 특별히 두 번 맺어준 셈이다. 이렇듯 시인은 재밌는 발상으로 노부부의 회혼식을 축하해주었다.

司婚月下姥 有緣一結絲 惟於公夫婦 殷勤重結之
이용휴(李用休), <世文昌原黃公晙重牢禮成 詩以賀之>

^{사 혼 월 하 모} ^{유 연 일 결 사}
司婚月下姥 有緣一結絲
^{유 어 공 부 부} ^{은 근 중 결 지}
惟於公夫婦 殷勤重結之

이용휴(李用休),
<世文昌原黃公晙重牢禮成 詩以賀之>

시든 꽃

시든 꽃 운명 정말 기구하여서
지난밤 바람 불자 모조리 졌네.
아이 종도 애석함을 알고 있는지
뜰 가득한 붉은 꽃잎 쓸지 않았네.

인간의 삶을 꽃처럼 압축적으로 보여주는 것도 없다. 꽃은 잠시 화려하다가 속절없이 시들어가다 하염없이 떨어진다. 그래서 시든 꽃을 보면 인간의 짧은 삶을 미리 가늠해볼 수 있다. 시에서 어린 종은 뜰에 가득 떨어진 꽃잎을 그대로 두었다. 살아 있는 것은 모조리 눈물겹다!

殘花眞薄命 零落夜來風 家僮如解惜 不掃滿庭紅
강지재당姜只在堂, <暮春>

^잔殘^화花^진眞^박薄^명命 ^영零^락落^야夜^래來^풍風
^가家^동僮^여如^해解^석惜 ^불不^소掃^만滿^정庭^홍紅

강지재당姜只在堂, <暮春>

아내가 만들던 모시옷

밝고 하얀 모시옷은 눈처럼 깨끗하니
집사람이 죽기 전에 지었던 옷이라네.
집사람이 고생스레 낭군 위해 마련해서
옷을 짓다 못 끝내고 앞서서 세상 떴네.
늙은 침모, 묵은 상자 열고서 울먹이며
솜씨가 없어 대신 지을 수 없다 하네.
온폭을 이미 잘라 마름질 끝마쳤고
두어 줄 시친 자국 아직도 남아 있네.
아침에 시험 삼아 빈방에서 펼쳐보니
어렴풋이 당신 얼굴 다시금 본 것 같네.
지난날 창가에서 바느질 하던 때는
오늘 옷 입은 모습 못 볼 줄 알았겠소.
물건은 소소해도 나에게는 소중하니
당신 손길 닿은 옷을 다시 입기 어려우리.
황천 아래 당신에게 누가 내 말 전해줄까,
모시옷이 남편 몸에 아주 잘 맞는다고.

8. 나이 듦과 죽음을 준비하는 자세

아내가 세상을 떴다. 죽기 전에 아내는 아픈 몸을 이끌고 남편을 위한 모시옷을 짓고 있었다. 아내는 그런 사람이었다. 채 완성하지 못한 모시옷은 아내와 자신 사이에 미완으로 남은 사랑과도 같이 느껴졌다. 함께했던 것보다 함께하고픈 것이 많았던 둘의 사랑은 아쉬운 기억만 남긴 채 멈추어버렸다.

모시옷을 펼쳐놓고 보니 아내의 얼굴을 다시 마주한 것만 같다. 아내는 모시옷을 지으며 이 옷을 입은 남편의 모습을 수없이 상상했을 것이다. 누군가 저승에 있는 아내에게 전해줄 사람이 있다면 시인은 이렇게 말했으리라. "내 몸에 딱 맞춘 것 같구려."

皎皎白紵白如雪 云是家人在時物 家人辛勤爲郞厝 要襋未了人先歿
舊篋重開老姆泣 誰其代斲婢手拙 全幅已經刀尺裁 數行尙留針線跡
朝來試拂空房裏 怳疑更見君顔色 憶昔君在窓前縫 安知不見今朝着
物微猶爲吾所惜 此後那從君手得 誰能傳語黃泉下 爲說穩稱郞身無罅隙

채제공(蔡濟恭), <白紵行>

皎皎白紵白如雪 (교교백저백여설)	云是家人在時物 (운시가인재시물)
家人辛勤爲郞厝 (가인신근위랑조)	要襋未了人先歿 (요극미료인선몰)
舊篋重開老姆泣 (구협중개로모읍)	誰其代斲婢手拙 (수기대착비수졸)
全幅已經刀尺裁 (전폭이경도척재)	數行尙留針線跡 (수행상류침선적)
朝來試拂空房裏 (조래시불공방리)	怳疑更見君顔色 (황의갱견군안색)
憶昔君在窓前縫 (억석군재창전봉)	安知不見今朝着 (안지불견금조착)
物微猶爲吾所惜 (물미유위오소석)	此後那從君手得 (차후나종군수득)

誰能傳語黃泉下 (수능전어황천하)
爲說穩稱郞身無罅隙 (위설온칭랑신무하극)

채제공(蔡濟恭), <白紵行>

아가씨들
아름다움 자랑

선연동 고운 풀빛, 비단 치마와 견주나니
분내음 남은 향은 옛 무덤을 감도누나.
오늘날 아가씨들 아름다움을 자랑 마오.
무덤 속 무수한 이도 그대들과 같았다오.

《삼명시화》에 "이 시를 읽는 사람들은 자기도 모르게 탄복하여 한때 널리 전송되었다."라고 나온다.

선연동 무덤에 돋아 있는 풀을 여인의 비단 치마와 분내음으로 환치시켰다. 지금 아가씨들이 아름다움을 뽐내지만, 무덤 속 그녀들도 지금의 아가씨들과 다름없었다. 젊음은 짧고 늙음은 길며 죽음은 공평하게 찾아온다.

嬋娟洞草賽羅裙 剩粉殘香暗古墳 現在紅娘休詑艷 此中無數舊如君
이덕무(李德懋), <嬋娟洞>

8. 나이 듦과 죽음을 준비하는 자세

선 연 동 초 새 라 군   잉 분 잔 향 암 고 분
嬋娟洞草賽羅裙　剩粉殘香暗古墳
현 재 홍 낭 휴 이 염   차 중 무 수 구 여 군
現在紅娘休詑艶　此中無數舊如君

이덕무(李德懋), <嬋娟洞>

만월대

귀리 심은 저 밭은 뉘 집 것인가
밭 가운데 주춧돌 남아 있구나.
고려왕이 춤추고 노래할 때도
밝은 달은 이 저녁과 같았으리라.

만월대는 개성시 송악산 기슭에 있는 고려의 옛 궁궐터다. 조선시대에 수많은 시인이 이곳을 방문하고 노래했다. 망국의 궁궐터에서 사람들은 더할 수 없는 비감함을 느끼기 마련이다. 궁궐터는 귀리밭으로 바뀌어 주춧돌만이 덩그러니 남아 있었다. 개인의 삶이든 왕조의 역사든 세월 속에 무상하지 않은 것은 아무것도 없다.

燕麥誰家田 田中堦礎石 麗王歌舞時 明月如今夕
이양연(李亮淵), <滿月臺>

^연燕 ^맥麥 ^수誰 ^가家 ^전田　^전田 ^중中 ^계堦 ^초礎 ^석石
^려麗 ^왕王 ^가歌 ^무舞 ^시時　^명明 ^월月 ^여如 ^금今 ^석夕

이양연(李亮淵), <滿月臺>

형님은
먼저 태어난 '나'

형님의 모습이 누구와 닮았던가
아버님 생각나면 형님을 보았었네.
오늘 형님 보고픈데 어디서 만나볼까
의관을 정제하고 시냇가로 나가보네.

시인의 나이 쉰둘에 그의 형이 죽었다. 아버지가 돌아가신 지 스무 해 만의 일이었다.
시인에게 형은 아버지 같은 존재였다. 그런 형마저 세상을 떠나니 아버지의 모습을 가장 많이 닮은 사람은 이제 자신밖에 없다. 시인은 시내를 찾아 자신의 모습 비춰본다. 시냇물에 형도 보이고 아버지도 보인다.

我兄顔髮曾誰似 每憶先君看我兄 今日思兄何處見 自將巾袂映溪行
박지원(朴趾源), <燕岩憶先兄>

아 형 안 발 증 수 사	매 억 선 군 간 아 형
我兄顏髮曾誰似	每憶先君看我兄
금 일 사 형 하 처 견	자 장 건 몌 영 계 행
今日思兄何處見	自將巾袂映溪行

박지원(朴趾源), <燕岩憶先兄>

사람은 어디서 와서
어디로 가는가?

오기는 어디로부터 왔으며
가기는 어디를 향해 가는가.
가기도 오기도 정한 곳 없이
아득한 세월 백 년 남짓이네.

사람은 어디서 와서 어디로 가는가? 이 근원적인 질문에 대한 답을 찾지 못한 채 한세상을 살다 간다. 길어야 백 년인 인생은 덧없고 부질없기만 하다.
짧은 시이지만, 인생의 근원적인 질문을 묵직하게 던져주고 있다. 인생이란 정답을 알 수 없는 문제를 끊임없이 성실하게 풀어야만 하는 아이러니한 게임이다.

來從何處來 去向何處去 去來無定蹤 悠悠百年許

김인후(金麟厚), <題沖庵詩後>

來從何處來 去向何處去
去來無定蹤 悠悠百年許

김인후(金麟厚), <題沖庵詩後>

세상 모든 것은
잠시 빌린 것

여윈 몸은 힘겹게 세월 빌려 살아가고
두 눈동자는 밤마다 등불 빌려 열리네.
세상 모든 이치가 다 서로 빌린 것이니
밝은 달도 오히려 해를 빌려 도는 것이네.

세상에 온전히 내 것은 아무것도 없다. 누군가의 것을 잠시 빌렸다가 놓아두고 떠나는 것이다. 그래서 지금 소유한 것이 자신의 소유라고 생각하는 것만큼 어리석은 일도 없다. 삶이란 옷걸이에 걸린 옷을 잠시 입었다가 다시 옷걸이에 걸어놓고 떠나는 일이다.

瘠骨崚嶒借歲月 雙眸夜夜此燈開 世間萬里皆相借 明月猶須借日廻

조희룡(趙熙龍), <借>

瘠骨嶙嶒借歲月　雙眸夜夜此燈開
세 간 만 리 개 상 차　명 월 유 수 차 일 회
世間萬里皆相借　明月猶須借日廻

조희룡(趙熙龍), <借>

후기

이쯤에서 다음 해를
기약해야 하겠네

묵은해는 지금 이제 어디로 가버렸나
이쯤에서 새해를 기약해야 하겠네.
세월이 빠른 것은 나와는 무관하지만
흰머리 생기는 게 최고로 얄밉구나.*

수세(守歲)는 음력 섣달그믐 밤에 집안을 환히 밝히고 가족과 밤을 새우며 새해를 맞는 풍습입니다. 수세에는 지난해에 대한 아쉬움과 새해에 대한 설렘이 공존합니다.
책을 마무리하는 지금 나의 마음이 딱 이 시와 같습니다. 이 책이 최종적으로 어떤 모습으로 태어날지, 이 책을 읽는 독자들은 어떤 느낌을 받고 또 어떤 생각을 하게 될지…. 아쉬움도 남습니다. 이 책을 쓰는 동안 수백 편의 한시를 펼쳐놓았는데, 지면의 한계로 싣지 못한 시가 많은 까닭입니다. 모두 다 아름답고 의미 있는 시들이었습니다. 많은 사람들과 함께 읽고 감상을 나누고 싶었습니다. 그러니 올곧은 마음으로 다음 책을 기약할 뿐입니다.

―
이 시는 이산해(李山海)의 <守歲>로 원문은 다음과 같다.
舊歲今從何處去 新年似向此中期 流光衮衮非關我 最是生憎入鬢髭

그사이 또 한 해가 저물고 새해가 다가옵니다. 세월은 얄밉게도 흰머리털만 남기고 손가락 틈으로 사라진 모래처럼 빠르게 가버렸습니다. 허망한 다짐이 될 수도 있겠지만, 이산해의 마음으로 새해는 어떻게 살까 다시 한 번 차분히 계획해봅니다.

2024년 12월

박동욱

**지은이
박동욱**

한양대학교 인문과학대 교수이자 늘 새로운 학술 주제를 발굴하고 연구하는 한문학자이다. 《라쁠륨》을 통해 등단한 현대시 작가이기도 하다. 한문학을 학술적으로 엄밀히 연구하면서도, 그 문학성에 주목해 쉽고 편안한 문체로 풀어내 독자들에게 고전의 재미와 의미를 전하고 있다.

지은 책으로 《처음 만나는 한시, 마흔여섯 가지 즐거움》, 《조선의 좌우명》, 《중년을 위한 명심보감》, 《눈썹을 펴지 못하고 떠난 당신에게》, 《그렇게 아버지가 된다》, 《너보다 예쁜 꽃은 없단다》, 《살아있는 한자 교과서》(공저) 등이 있고, 옮긴 책으로는 《눈 내린 길 함부로 걷지 마라: 산운집》, 《승사록, 조선 선비의 중국 강남 표류기》, 《혜환 이용휴 시전집》(공역), 《혜환 이용휴 산문전집》(공역), 《북막일기》(공역) 등이 있다.

말과 생각에 품격을 더하는 시 공부
하루 한편 우리 한시

초판 1쇄 인쇄 2024년 12월 20일
초판 1쇄 발행 2024년 12월 30일

지은이 박동욱

발행인 이윤희
디자인 [★]규
인쇄·제본 357 제작소

발행처 빅퀘스천
주소지 서울특별시 마포구 월드컵북로 400, 5층 11호
문의전화 02-6956-4929 **팩스** 02-6919-1379
출판신고 2024년 5월 22일 제2024-000193호

ISBN 979-11-989761-0-9 03810

- 저작권법에 따라 한국 내에서 보호를 받는 저작물이므로 무단전재와 무단복제를 금합니다.
- 책 내용의 전부 또는 일부를 이용하려면 반드시 저작권자와 빅퀘스천의 서면 동의를 받아야 합니다.
- 책값은 뒤표지에 있습니다.
- 잘못 만들어진 책은 구입하신 곳에서 바꾸어 드립니다.